미래 직업
감상하기

미래 직업 감상하기
영화와 드라마로 체험하는 미래 사회의 일과 삶

초판 1쇄 발행 2020년 6월 26일
초판 3쇄 발행 2021년 11월 25일

지은이 나윤빈
펴낸이 류수노
펴낸곳 (사)한국방송통신대학교출판문화원
　　　서울시 종로구 이화장길 54 (03088)
　　　대표전화 1644-1232
　　　팩스 02-741-4570
　　　홈페이지 http://press.knou.ac.kr
　　　출판등록 1982년 6월 7일 제1-491호

출판위원장 이기재
편집 신경진·명수경
편집 김민정

ⓒ나윤빈, 2020
ISBN 978-89-20-03742-9 03300

값 16,500원

미래 직업 감상하기

영화와 드라마로
체험하는
미래 사회의
일과 삶

나윤빈 지음

지식의날개

차
례

프롤로그

 이 책에서는 대중성이 가미된 다수의 영화와 드라마 등의 작품을 통해 미래 사회의 일과 삶의 모습을 탐색해 본다. 특히 CG 기술의 발달 등으로 시공간의 제약 없이 자유로운 표현이 가능한 영화나 애니메이션 같은 장르는 미래 사회를 엿보는 데 매우 유용하다. 쥘 베른의 《해저 2만리》(1869), 필립 K. 딕의 《안드로이드는 전기양의 꿈을 꾸는가?》(1968) 등의 소설 또한 SF 영상물로 많이 리메이크되면서 미래 인간 사회의 철학적·윤리적 문제를 제기하거나 과학계에 아이디어의 원천을 제공하기도 했다. 지난 2019년 8월 프랑스 발명가 프랭키 자파타는 정부 지원을 받아 만든 플라이보드를 타고 두 번째 도전 만에 프랑스와 영국 간 해협 35km를 횡단하는 데 성공했다. 이런 개인 비행기술은 오래전부터 문화 콘텐츠의 단골 소재인데, 마블 스튜디오의 유명한 아이언맨 시리즈 이외에도 조 존스톤 감독의 〈로켓티어〉(1991, 국내 개봉명은 〈인간 로켓티어〉) 등이 있다. 1983년 데이브 스티븐스의 동명 만화가 원작인 〈로켓티어〉는 로켓을 멘 남자가 하늘을 날아다니며 나치 악당들로부터 세상을 구한다는 내용의 영화이다.

이런 작품을 통해 미래를 예측하는 목적은 미래 사회에 대한 준비라고 할 수 있다. 미래를 예측한 결과, 현재보다 완만하고 순탄하게 흘러갈 것이라는 전망이 우세하다면 좋겠지만 안타깝게도 실상은 그렇지 않다. 예측도 어려울뿐더러 노후가 불안하기 때문에 우리는 현재보다 미래를 더 중시하며 살 수밖에 없다. 소득이 늘어나도 가계는 지갑을 닫고 이익이 발생해도 기업은 유보금을 쌓아 놓는다. 심지어 국민들 사이에서는 자녀 출산에 대한 부정적 인식이 우세하다. 대부분의 가정에서 자녀를 한 명만 낳아 미래 사회에 뒤처지지 않도록 막대한 사교육비를 들이고 있다. 아이 한 명을 위해 부모, 양가 조부모, 삼촌, 이모 등 여덟 명의 어른이 적극 지갑을 연다는 의미의 에이트 포켓eight pocket이라는 신조어도 나타났다. 인구절벽과 초고령사회 진입이라는 우리나라 상황을 생각해 보면 대중은 불확실한 미래를 나름 현실적으로 대비하고 있는 셈이다. 특히 우리나라처럼 반세기만에 이토록 급진적인 산업혁명과 사회문화 변동을 겪은 나라는 세계적으로 유례를 찾기 힘들다. 여기에 4차 산업혁명으로 매우 빠르고 광범위하게 적용될 디지털 네트워크 세상 속에서 우리의 미래는 어디로 흘러가는지 도대체 종잡을 수가 없다.

4차 산업혁명에 대한 이슈화는 일부 언론의 쏠림 현상도 원인이 되겠으나 우리 사회의 역동성에 가려진 근원적인 고민에 대한 관심의 방증이라고 할 수 있다. 다만 기존 문헌들이 보고서와 논문의 형태로 다소 딱딱한 문체와 어려운 용어로 무장하고 있어 대중적 흥미를 떨어뜨리는 점은 아쉬운 부분이다. 일부 도서에서는 4차 산업혁명 시대를 '기술 vs. 인간'이라는 이분법적 프레임으로 바라보면서 기계의 효율성과 그에 따라 위축된 인간의 모습을 다소 선정적으로 묘사하는 데 집중하고 있기도 하다. 이런 부분 역시 객관적 관점에서 바라볼 필요가 있다. 틀에 갇힌 사고에서 벗어나 다채롭고 이색적인 일자리와 인간 양상을 살펴본다면 기존 연구물과 다른 색다른 관점을 제시할 수 있을 것이다. 기술발전에 따른 미래 직업과 인간 사회를 분석하는 일은 시기적으로나 사회적으로 의미 있는 작업이라고 생각한다.

한편, 미래 예측은 다양한 분야의 전문가가 함께 분석할 때 보다 객관성을 확보할 수 있으므로 '4차 산업혁명'과 '일자리' 관련 기사나 논문, 학술서, 보고서 등을 쓴 10명의 전문가를 대상으로 몇 가지 질문을 했다. 〈부록〉에 제시한 4차 산업혁명 관련 설문과 함께 저자가 영화나 드라마 등의 작품 속에서 파악한 직업에 대한 향후 전망을 1~5점으로 평가하도록 했다. 이에 따라 2~7장의 서두에 관련 작품에서 언급한 직업과 전문가의 전망 점수를 순위별로 제시했는데, 이는 독자들의 직업 전망에 대한 직관적 이해를 높이는 데 도움이 될 것이다.

이 책은 일상에서 흔히 만날 수 있는 영화와 드라마 등의 작품을 통해 미래를 발견할 수 있는 눈을 길러 보고자 했다. 이런 시도는 인문학적 교양을 즐겁게 쌓으면서 유망 직업을 탐색하고 업종 전망에 대한 호기심을 충족하는 과정이 될 것이다. 이 책이 자신의 진로를 고민하는 청소년과 자녀교육에 관심이 많은 학부모뿐만 아니라 미래의 직업과 사회 변화를 궁금해하는 독자들에게 조금이나마 도움이 되었으면 한다.

1장

4차 산업혁명과 사회 변화

주목해야 할 점은 4차 산업의 주요 기술이 연계되어 촘촘하게 만들어질 네트워크 세상이다. 이는 4차 산업이 3차 산업과 차이를 보이는 특징으로 정보통신망의 초연결성이라고 부르기도 한다. 이로 인해 모든 디지털 사물은 인공지능AI의 자체적 진화를 이룰 수도 있다. 이에 따른 파급효과는 사실상 무한하기 때문에 예측하기 어렵다.

몇 년 전부터 4차 산업혁명이 국내외에서 화두가 되고 있다. 2016년 스위스 다보스포럼에서 4차 산업혁명이 주요 의제로 논의된 이후 독일을 비롯한 대다수 선진국들이 스마트 팩토리를 시작으로 관련 정책과 지원을 늘리는 추세이다. 이 국가들은 글로벌 경제위기 이후 제조업의 중요성을 재인식하면서 정보통신기술ICT과 제조업의 결합을 통한 4차 산업 관련 기술혁신을 강조하는 투자를 추진하고 있다. 이는 일자리 창출 효과와 더불어 생산성 향상을 통한 경쟁우위 효과, 신新시장 선점 효과 등 다양한 목적을 지닌다. 국내에서도 4차 산업혁명은 주요 국가연구개발사업으로 분류되어 주관부처로 과학기술정보통신부가 선정되는 등 중요성이 부각되는 상황이다. 지난 2017년에는 대통령 직속 4차 산업혁명위원회가 신설되어 주요 국가적 의제들을 다루고 있다.

이런 중요성의 인식 확대와 세간의 뜨거운 관심과 달리 4차 산업혁명은 한마디로 정의하기 어려운 불확실한 측면이 있다. 지난 산업혁명이 일정한 시간이 흐른 후 산업적·역사적 변곡점에 비추어 경제사학에서 자연스럽게 수용할 만한 '산업혁명'의 시기를 후속 명명한 것에 비해, 4차 산업혁명은 그 시기를 예단해서 선제적으로 용어를 정립하고 그에 따른 준비를 통해 사회적 부작용을 최소화하려는 현재진행형 작업에 가깝다. 따라서 아직까지 4차 산업혁명의 개념적 정의가 다소 불분명하고, 주요 구성개념도 학자마다 조금씩 다르다.

우선 사전적 개념으로의 4차 산업혁명은 "인공지능, 사물인터넷, 빅데이터 등 첨단 ICT가 경제·사회 전반에 융합되어 혁신적인 변화가 나타나는 차세대 산업혁명"이라고 할 수 있다(김현수, 2016). 정의 자체가 매우 포괄적인 산업군을 담고 있음을 알 수 있는데, 여기서 4차 산업을 이루는 주요 시장과 관련 기술인 3D 프린팅, 사물인터넷IoT, 증강현실 등은 과거의 산업혁명과 비교하면 그 자체로 높은 혁신성을 지니진 않는다. 예컨대 4G에서 5G로 네트워크의 변화가 이뤄질 때는 망 속도의 실질적 개선이 발생하지만, 5G 인프라를 사회 곳곳에 추가적으로 구축하는 사업을 혁명적이라고 부르지 않는 것과 같다. 또한 이 요소들은 이미 3차 산업시대의 ICT 분야와 연계되는 것으로, 주로 플랫폼을 연결한 시장 형성 등 관련 연구개발과 투자 지원이 활발히 진행되고 있기도 하다.

따라서 4차 산업혁명은 어느 날 갑자기 발명된 혁신기술군을 의미하는 게 아니며 지식정보 위주의 3차 산업혁명과 본질적 측면에서 큰 차이가 없다고 보는 것이 바람직하다. 과학기술정책연구원

(2017)은 3차 산업혁명과 마찬가지로 정보통신의 발달이 중요하다는 점에서 4차 산업혁명을 3차 산업혁명의 연장선상으로 바라봐야 한다는 의견을 제기하기도 한다. 인더스트리 4.0 대신 인더스트리 3.5 정도가 되는 셈이다.

그보다 주목해야 할 점은 4차 산업의 주요 기술이 연계되어 촘촘하게 만들어질 네트워크 세상이다. 이는 4차 산업이 3차 산업과 차이를 보이는 특징으로 정보통신망의 초연결성이라고 부르기도 한다. 이로 인해 모든 디지털 사물은 인공지능AI의 자체적 진화를 이룰 수도 있다. 이에 따른 파급효과는 사실상 무한하기 때문에 예측하기 어렵다. 쉽게 말하자면 3차 산업혁명에서는 얼마나 많은 사람들이 인터넷(또는 모바일 환경)에 접속할 수 있는지가 주요 관심사였다면, 4차 산업혁명 시대에서는 얼마나 많은 사물이 인터넷에 연결되는지가 주요 관심사라고 할 수 있다. 이로 인해 정보통신량이 기하급수적으로 증가하고, 이를 활용한 다양한 비즈니스 모델이 파생되어 궁극적으로 '혁명'이 예상되기 때문이다. [그림 1-1]을 보면 기존 인터넷 시대에서는 와이파이나 LTE가 내장된 디바이스를 중심으로 온라인 플랫폼 거래가 확산되는 형태를 띠는 반면, 4차 산업혁명 시대에는 냉장고, 청소기 등 모든 디지털 제품에 네트워크가 연동되어 맞춤형 서비스나 자동 주문이 이뤄지는 형태로 온·오프라인을

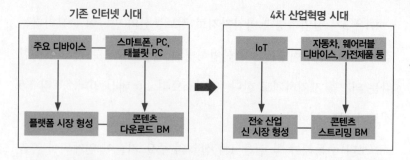

그림 1-1 기존 인터넷 시대와 4차 산업혁명 시대의 차이점

넘나드는 전사적 비즈니스가 전개되는 것이 특징임을 알 수 있다.

이에 기업들 간 4차 산업혁명의 기술 경쟁은 앞으로 더욱 심화될 것으로 보인다. IT 기업들의 플랫폼 생태계는 소비자의 안착을 유도해서 과거와 달리 2, 3등 기업을 허용하지 않는 독점의 형태로 나아가고 있기 때문이다. 예컨대 IoT를 기반으로 한 홈네트워크 시장을 선점하면, 그에 종속된 소비자는 다른 기업의 서비스를 이용하기가 어려워진다. SKT, KT, LG U⁺에서 자사의 인터넷 가입 시 패키지 할인을 통해 홈네트워크 추가 가입을 유도하는 이유가 여기에 있다. 어떤 홈네트워크 케어를 받기 시작한 소비자가 해당 기업에서 제공하는 전력관리, 냉난방관리, 치안 및 보안 관리 서비스 등을 일괄적으로 이용하기 위해서는 스마트폰의 앱 설치를 비롯해 조명이나 TV, 에어컨, 로봇청소기, AI 스피커 등 관련 가전제품을 그

기업의 제품이나 연동되는 제품으로 구성해야 한다. 이처럼 플랫폼 관련 기술선점은 매우 중요하다.

그러나 4차 산업혁명의 장밋빛 전망에 취해 기술개발에만 몰두할 경우, 일본 IT 업계처럼 기술의 갈라파고스 현상을 맞이할 수도 있다. 과거 와이브로나 싸이월드, MP3 플레이어처럼 우리나라에서 세계 최초의 우수 기술과 비즈니스 모델을 개발하고서도 세계 표준화·상용화에 실패한 사례를 반면교사로 삼아야 한다. 또한 정부에서 제조업의 특성을 고려하지 않고 플랫폼 중심의 지원정책만 펼친다면 지금의 고용 없는 성장과 사회적 양극화가 고착화될 수 있다는 점도 고려해야 한다. 결국 다양한 이해관계자 간 논의와 대단히 섬세한 핀셋 지원책이 필요한 분야가 4차 산업혁명군이라고 할 수 있다.

따라서 IT 강국으로 이름난 우리나라가 5G 시대를 맞이해 그간 4차 산업혁명을 둘러싼 학자들의 의견을 수집해서 새로운 미래 사회에서 얻게 될 득과 실을 파악하고 이에 대비하는 일은 매우 중요하다. 아울러 4차 산업혁명이 활발히 진행 중인 분야와 사례를 통해 어떤 효과가 있었는지도 함께 살펴볼 필요가 있다. 기술발전에 따른 신규 일자리 증가는 대표적인 4차 산업혁명의 이득이지만, 반면 기존의 일사리가 점차 로봇으로 대체되거나 스마트폰처럼 올라운

드형 기술통합제품의 출현으로 기존 산업군이 통폐합되는 현상은 4차 산업혁명의 부작용이라고 할 수 있다. 이런 4차 산업혁명의 양면성을 객관적 시선으로 탐구할 때, 예측하기 어려운 미래 사회에 보다 현실적으로 접근할 수 있다.

학계에서는 4차 산업혁명의 효과에 대한 두 가지 입장이 존재하는데, 4차 산업혁명이 모든 사회 분야에 걸쳐 영향을 미친다는 입장과 일부 분야에서는 피해가 발생할 수밖에 없다는 입장이 그것이다. 피해가 어느 정도인지, 이를 감수할 만큼 새로운 사회적 이득이 얼마나 생겨나는지에 대해서는 생각의 차이가 존재하는데, 이는 기대효과를 정확히 산출하기 어렵기 때문이다. 4차 산업혁명은 파급효과나 부수적 피해범위가 어디까지인지 객관적으로 측정하기 매우 어렵다. 4차 산업군의 범위를 어디부터 어디까지로 할 것인지가 명확하지 않은 데다 융복합 중심의 기술개발로 풍선효과가 어디에서 발생할지 예측하기 어려운 점, 경제적 비용산출 외에 사회적 갈등 비용과 통합 효과 비용 등을 함께 고려해야 하는 점 등이 원인이라고 할 수 있다. 특히 4차 산업혁명이 노동계에 어떤 영향을 끼칠 것인지에 대해 많은 연구가 필요하며, 정부는 기존 일자리의 기계 대체화가 미치는 사회적 영향력을 고려해 신중한 정책적 접근을 추진해야 한다. 무조건적인 규제 완화나 강화가 아닌,

상생과 혁신을 중심으로 이해관계자 간에 합의점을 이끌어 내는 일이 무엇보다 중요하다. 이와 관련해서 〈표 1-1〉을 통해 학자마다 조금씩 다르게 정의하고 있는 4차 산업혁명의 속성을 살펴보자.

이들의 의견을 종합해 보면, 4차 산업혁명이란 ICT의 발달로 정보통신기술이 적용되지 않던 제조업을 비롯한 모든 오프라인 사물

표 1-1 기존 선행연구에 나타난 4차 산업혁명의 개념적 정의

학자(연도)	논문 / 보고서	내용
김영수(2017)	4차 산업혁명과 지역산업 육성 방향	신기술의 보급으로 경제체제와 사회구조가 급격히 변화하는 것
클라우스 슈밥(2016)	세계경제포럼WEF The Fourth Industrial Revolution	디지털 혁명인 3차 산업혁명에 기반을 두고 있으며, 디지털·물리적·생물학적인 기존 영역의 경계가 사라지면서 융합되는 기술적인 혁명
김한준(2017)	4차 산업혁명이 직업세계에 미치는 영향	로봇, 생명과학 등이 ICT와 융합되어 나타나는 혁신적 변화
최석현(2017)	제4차 산업혁명 시대, 일자리 전략은?	인간의 육체노동뿐만 아니라 창의적 노동까지 대체 가능한 시대
문병기·이도형 (2017)	4차 산업혁명 시대 신성장산업의 수출 동향과 경쟁력 분석	IoT, 빅데이터 분석, AI, 로봇의 네 가지 기술이 가져온 사회와 산업의 변혁을 의미
윤영한(2017)	ICT 기반 스마트카 산업 활성화 정책과제	3차 산업혁명을 기반으로 한 디지털, 생물학, 물리학 등의 경계가 없어지고 융합되는 기술 혁명(1차는 동력, 2차는 자동화, 3차는 디지털로 인해 산업혁명 촉발)

출처: KIIA(2017).

에 통신망이 초연결되어 폭발적인 네트워크 정보망의 형성과 함께 혁신적인 사회적 영향으로 이어지는 효과를 아우르는 용어라고 할 수 있다. 4차 산업을 구성하는 주요 키워드로는 ICT, IoT, 제조업, 네트워크, 바이오 등을 들 수 있다. 이를 주요 키워드로 꼽은 이유는 [그림 1-2]와 같이 서로 묶이지 않을 것 같았던 분야들의 융복합이 디지털화로 가능해지고 촉진되면서 과거와는 다른 형태로 산업

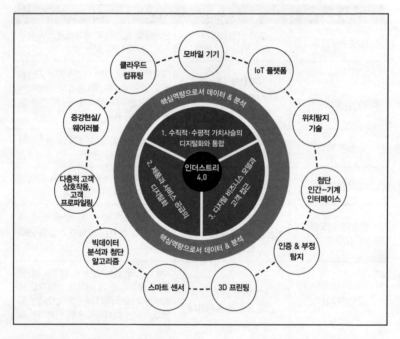

출처: PWC(2016), 경기연구원(2016) 재인용.

그림 1-2 인더스트리 4.0의 구성 요소

발전을 가속화시키기 때문이다. 그래서 미래 사회를 예측하는 일은 더욱 어려워질 것이다.

산업 간에 융복합 속도와 기술개발 주기가 빨라져 신기술이 나올 때마다 기업은 이에 대한 도입 여부를 두고 갈등에 빠진다. 기술을 재빨리 반영한 선도기업으로 나설 경우 시장 선점 효과는 있으나 또 다른 신기술에 의해 투자자본을 회수하지 못한 채 기술이 사장될 수 있고, 반대로 추종기업으로 나설 경우 공유경제 등 기존에 없었던 시장이 새로이 창출되는 과정에서 플랫폼 기업에 주도권을 내주게 된다. 정부 입장에서도 융복합 현상은 무척 중요한데, 각 산업 간 경계가 무너지고 상품과 서비스 간 통폐합이 활발해짐에 따라 분야별 일자리의 가감이 더욱 가속화되고 그에 따른 산업의 중장기적 정책 방향을 결정하기가 더욱 어려워진다. 대표적인 분야가 기존 대중운송업계를 위협하고 있는 차량 공유서비스 형태의 운송업이다. 우버, 타다 등으로 대표되는 이 기업들은 택시업계의 강력한 반발을 불러일으켰으며, 서울시의 경우 우버의 영업을 금지했으나 국내 기업인 타다는 기존 법제도의 허점을 이용해 정상 영업을 했다. 이로 인해 촉발된 논란은 조세형평성, 개인택시 면허 시세 인하, 사고 시 보험 미적용, 성범죄 전력자 채용, 스타트업에 대한 규제철폐, 운송업 종사자의 자살 등 그야말로 다양하면서도 격렬한 형태로 표출되었는데, 2020년 3월 이른바 '타다금지법'으로 불리는 〈여객자동차 운수사업법〉 개정안이 국회를 통과하면서 일단락되었다. 그러나 같은 해 5월 서비스 중단을 선언했던 타다 측이 해당 법안이 기본권을 침해했다며 헌법소원을 제기했고, 카카오모빌리티가 브랜드 택시인 '카카오 T 블루'를 선보이면서 택시 호출 시장 독과점 논란이 이는 등 사회적 갈등은 계속되고 있다.

4차 산업혁명의 개념과 구성요소를 분석해서 4차 산업혁명의 효과가 적용될 산업 범위를 알아보는 것은 쉽지 않다. 일자리 가감이 활발히 일어날 산업 분야를 파악하는 것과 같은 맥락이다. 그러나 사회적 갈등을 예방하고 더 많은 일자리를 창출하는 일과 연관되기 때문에 시도해 볼 가치가 있다. 이 책에서는 이를 직접적으로 연구하거나 분석하지는 않지만, 4차 산업혁명에서 일자리 가감이 급격히 이뤄질 분야로 ICT, IoT, 제조업, 네트워크, 바이오 등을 꼽아 관련 작품을 통해 간접적으로 미래 사회를 파악하려고 한다.

여러 대학과 연구소에서 미래학에 대한 관심이 커지면서 관련 학과가 신설되거나 연구결과가 발표되는 가운데, 전문가들의 의견을 구하는 일과 더불어 이처럼 기존 영화와 드라마 등의 작품을 통해 미래를 예측하거나 창조적 아이디어를 얻는 경우가 늘고 있다. 미국의 경우 텍사스대를 비롯해 휴스턴대, 하와이대 등 여러 대학에

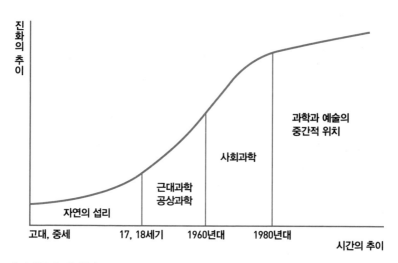

출처: 한국정보화진흥원(2009).

그림 1-3 미래학 연구의 진화 추이

서 수십 년 전부터 미래학과를 운영해 오고 있으며, 고등학교에도 관련 교육과정이 개설되어 있다. 우리나라에도 다양한 산업에서의 융복합 연구방법과 응용을 배울 수 있는 카이스트 문술미래전략대학원, 4차 산업시대에서 경영과 국제협력 인재 양성을 목적으로 신설된 고려사이버대 미래학부, 재난과 안전 전문가 양성이 주된 목적인 경희사이버대 미래인간과학스쿨 등이 있다.

미래학 연구방법으로는 델파이 기법, AHP 등의 전통적 조사방법 이외에도 시나리오 기법, 시스템 다이내믹스, 시뮬레이션 기법 등 다양한 분석방법이 있는데, 이 중 영화와 드라마 등의 작품에 대한

표 1-2 미래학 연구방법론 동향에 따른 구분

과학적 원리의 연구방법론	과학 및 비과학적 요소 혼합 연구방법론
• 환경스캐닝 • 텍스트 마이닝 • 브레인스토밍 • 트렌드영향분석 • 교차영향분석 • 퓨쳐스 휠 • 기술 예측 및 평가 • 경제 통계학적 모델링 • 퓨쳐 로드맵 • 시스템 다이내믹스 • 시나리오 기법 • 시뮬레이션 기법 • 델파이 기법	• 소설, 일기, 신화, 공상과학, 예술작품 등에 나타난 미래 이미지 조사 • 인과계층분석Causal Layered Analysis • 개인의 통찰과 직관 분석 • 이머징 이슈 분석 • 세대분석Age-Cohort Analysis • 비저닝 워크숍
➔ 과학적 연구, 데이터 수집, 경험적 예측, 논리적 사고, 기술의 활용을 강조	➔ 객관적 정보 축적과 함께 욕구, 두려움, 가치관, 상상, 의지 등 주관적이고 정성적 요인에 따른 미래의 모습에 중점

출처: 한국정보화진흥원(2009).

사례분석은 비과학적 영역(화가의 작품, 소설가의 사고, 전위예술가의 행위 관찰 등)에 대한 정보 수집과 분석에 해당된다.

표 2-1 기술문명사회 관련 작품에서 언급한 직업에 대한 전문가 전망(5점 척도 평균값, n=10)

전망 점수	직업	평균값
5점(매우 높음) 4점(높음) 3점(보통) 2점(낮음) 1점(매우 낮음)	사이버 보안 전문가	4.8
	로봇선수 조종사	4.5
	로봇선수 개발자	4.4
	범죄예방 전문가	4.3
	교화 전문가	4.1
	로봇격투 해설가	3.9
	공연장 안전 전문가	3.9
	헤드헌터	3.8
	CPTED 전문가	3.8
	해고 전문가	3.5

마이너리티 리포트:
기술결정주의와 범죄예방산업

기술문명사회는 과학기술이 한 공동체의 사회, 경제, 문화 등을 총체적으로 발달시키는 원동력으로 작용하는 사회를 말한다. 대부분의 공상과학SF 작품은 미래 사회를 묘사할 때 윤리적으로 옳고 그른가를 떠나 과학기술을 중요하게 생각한다. 정도의 차이는 있더라도 과학기술이 인류문명의 발달과 유지에 없어서는 안 될 주요 원천으로 작용해서 작품의 기본 배경이 되고 있다는 점을 부인할 수 없다. 대표적으로 미래학자 앨빈 토플러는 저서 《제3의 물결》에서 "한 사회를 결정하는 힘은 기술에 있고 사회의 변동 역시 기술발전에 따른다."고 밝힌 바 있다.

이와 같은 기술문명사회는 SF 작품의 배경에서 다소 폭력적이고 계시적으로 묘사되곤 한다. 기술 그 자체가 미래 사회의 중심이 된다고 보는 기술결정주의technological determinism 가치관이 자리하고 있기 때문이다. 논란과 화제의 중심이 되었던 SF 작품은 대부분 이런 미래를 배경으로 한다. 인간의 역할은 기계에 지나치게 의존하거나 기계를 신처럼 믿으며 기계와의 동질화(안드로이드화 등을 통한 영생)를 꿈꾸는 유약한 존재로 그려진다. SF물의 선구자적 작가로 유명한 필립 K. 딕의 단편소설은 이처럼 기술문명의 영향으로 인간 중심 사회에서 추락해 버린 인류를 탁월하게 표현하는 것으로 유명하다. 이 중 〈마이너리티 리포트〉(1956)는 미래 사회의 범죄예방 시스템을 소재로 한 작품으로, 이후 스티븐 스필버그 감독, 톰 크루즈 주연의 동명 영화(2002)로 제작되어 널리 알려졌다.

이 작품에서 생각해 볼 문제는 아직 살인을 저지르지 않은 사람에게 살인죄를 적용하는 것이 과연 타당한가이다. 살인을 저지르지 않았으니 죄명 역시 살인죄가 아닌 살인예정혐의인데, 아직 죄인이 아닌 사람을 강제로 감금해서 교화 프로그램까지 받게 하는 것은

그림 2-1 영화 〈마이너리티 리포트〉에서 범죄예방관리국에서 일하는 주인공이 데이터베이스에 접속하는 모습

인권침해로 볼 수 있다. 또한 살인을 또 다른 살인으로 막도록 하는 행위가 타당한지, 예언 시스템에는 논리적으로 오류가 없더라도 시스템을 해석하는 인간이 오류를 저지를 수 있음에도 운용을 계속해도 되는지에 대한 문제도 있다. 예언 시스템 자체를 자신의 정치적 의도에 맞추어 악의적으로 이용하려는 세력 또한 존재하는 등 살인 방지로 생명을 구한다는 선의의 대의를 위해 개인과 시민의 권리침해를 어디까지 감내할 수 있을지를 직접적으로 묻는다.

이와 비슷한 생각할 거리를 던지는 작품으로는 마이클 스피어리그·피터 스피어리그 감독, 에단 호크 주연의 〈타임 패러독스〉(2014), 던칸 존스 감독, 제이크 질런홀 주연의 〈소스 코드〉(2011) 등을 들 수 있다. 이 작품들의 주인공은 대의를 위해 선택의 여지없이 정부기관에게 매번 위험한 임무를 강요받는다. 심지어 〈소스 코드〉의 경우에는, 작전 임무 중에 이미 운명을 달리한 군인에게 사자死者의 안식을 허락하지 않고 의식을 가둔 채 그를 계속해서 대테러 방지 작전에 투입시킨다. 다소 극단적인 표현으로 인권은커녕 영혼조차 갈아 넣는다고 할 수도 있다. 다른 사람을 구하기 위한 활동이라고는 하나, 기술발달로 시간을 되돌릴 수 있게 되면서 인간의 기본적 권리가 어디까지 박탈당할 수 있고 이를 어쩔 수 없이 허락해도 되는지 철학적·윤리적으로 묻고 있다. 기술문명사회의 부작용은 사실상 기계적 시스템이 인간을 지배하는 기술결정주의가 사회에 만연해 있기 때문에 발생하는 것이다. 이런 SF 작품의 사회구조는 막연한 미래 사회의 허황된 상상력에 불과할 수도 있다.

그러나 작가들뿐만 아니라 많은 저명한 학자들도 기술결정주의적 미래와 그 피해를 인류가 피할 수 없을 것이라고 경고한다. 다소 극단적이지만 미디어 비평의 대가로 알려진 마셜 매클루언은 저서 《미디어의 이해》(1964)를 통해 인간은 "기계사회의 생식기"에 불과하다고 주장하기도 했다. 이는 보다 효율적인 기계를 개발하기 위해 인간이 기계를 수정하는 역할에 불과하다는 뜻으로, 기계가 스스로를 복제·생산하는 시대에 진입하면 인간은 쓸모없는 존재가 될 것이라고 전망하고 있다. 기계가 인간을 대체하는 시대는 어떤 세상인가? 영화 〈터미네이터〉, 〈매트릭스〉 시리즈를 떠올려 볼 수 있다. 여기서는 인간이 개발한 AI에게 인간은 환경을 오염시키고 전쟁을 일삼는 지구의 해충으로 인식돼 전멸시켜야 할 종족으로 몰리거나, 또는 가상세계 프로그램에 갇힌 채 기계사회의 에너지원으로 활용되는 존재에 불과하다.

물론 〈마이너리티 리포트〉와 같은 사회에서도 눈여겨볼 만한 직업은 있다. 주인공처럼 범죄예방관리국Pre-Crime의 범죄예방 전문가로 활동하거나 범죄를 저지른 사람을 대상으로 하는 교화 전문가가 그것이다. 이런 직업은 희소성도 높을뿐더러 묻지마 살인처럼 꾸준히 발생하는 강력범죄사건과 이에 따른 사회적 관심도 증가, 매년 약 160조 원에 달하는 범죄로 인한 사회·경제적 비용(한국형사정책연구원, 2010) 등을 고려하면 앞으로도 상당 기간은 전망이 밝은 편이라고 할 수 있다. 특히 범죄예방 분야는 범죄에 대응하는 패러다임이 사후 검거에서 사전 예방 위주로 변하고 있어 범죄예방 환경설계, 즉 셉테드Crime Prevention Through Environmental Design, CPTED와 같이 환경디자인, 도시재생 등의 분야에도 접목되는 등 앞으로 다양한 분야로 확대될 가능성이 크다. 또한 점차 확대되는 문화행사와 콘서트, 국가적 이벤트, 스포츠 등에서 테러 위협, 성범죄, 음주사고, 암표 매매 등 기타 불법적 행위를 방지하고 효과적으로 제압하기 위해 경호와 치안 인력도 확충할 필요가 있다. 지난 2014년 경기도 판교의 공연장 환풍구 붕괴사고를 비롯해서 2017년 영국 맨체스터 아레나에서 발생한 팝가수 아리아나 그란데 공연 직후의 폭탄테러 등이 대표적인 예라고 할 수 있다. 현재 우리나라에도 문화체육관광부 지정 공연장안전지원센터가 개설되어 공연제작비 대비 안전비 비중을 높이고 관리요원 등을 늘리며 직원들의 안전교육을 의무화하는 등 관련 법제도를 의무화하고 개선하기 위해 노력하고 있다. 사실 그간에는 이런 부분이 비즈니스가 되지 않는다고 판단해서 각 업

표 2-2 셉테드의 다섯 가지 주요 실천 전략

기법	내용
자연 감시	• 공간과 시설물 계획 시 주변에 대한 가시범위를 최대화해서 일상생활 속에서 자연스럽게 주변을 살피면서 외부인의 침입 여부를 관찰하고 이웃 주민과 낯선 사람들의 활동을 구분함으로써 범죄와 불안감을 저감하는 원리 • 건물 출입구나 내부 계단, 외부 창문 등은 개방형 구조로 디자인하고, 건물 사이의 이격 공간 등에서 사각지대가 생기지 않도록 함. • 야간에 가시성을 극대화하기 위해 조명은 적절한 조도와 간격을 유지해야 함. 특히 주차장, 공원, 놀이터 등 공공장소의 불량한 조명설계는 범죄 유발 요인으로 공공장소가 잠재적 범죄자의 은신처가 될 수 있으므로 유의해야 함.
접근 통제	• 도로, 보행로, 조경, 문 등을 통해 일정한 공간으로 사람들을 유도함과 동시에 허가받지 않은 사람들의 진·출입을 차단해서 범죄 목표물로 접근하지 못하게 만들고, 범죄행동의 노출위험을 증가시켜 범죄를 예방하는 원리 • 자연적 접근 통제를 강화하기 위해 경비원과 같은 전문인력 배치와 첨단 출입통제 장치, 무인경비시스템 등과 같은 기계적·인적 보안대책이 병행되어야 함. • 방범용 CCTV는 기계적 감시와 접근통제 원리가 적용된 것으로 24시간 모니터링이 되어야 하며 방범벨 또는 비상벨, 인체 탐지기 등도 접근 통제 장치로 사용되고 있음.
영역성 강화	• 어떤 지역에 대해 지역 주민들이 자유롭게 사용하거나 점유함으로써 그들의 권리를 주장할 수 있는 가상의 영역을 조성해서 잠재적 범죄자가 스스로 감시받거나 제지당할 수 있음을 인식하게 만들어 범죄 욕구를 억제시키는 원리 • 영역성을 강화하기 위해서는 울타리, 각종 표지판, 조경식재, 한평공원 조성, 도로포장 변화 등과 같은 소유권을 표현하는 물리적 특징을 사용할 수 있음.
활용성 증대	• 일반 시민들이 공공장소를 활발하게 사용하도록 유도하고 자극함으로써 그들의 눈에 의한 자연스러운 감시eyes on the street를 강화해서 범죄 발생을 감소시키고, 주민들이 안전감을 느끼도록 하는 원리 • 공간 활용성을 증대시키기 위해서는 사람들의 다양한 행위를 유발할 수 있도록 공간과 시설을 디자인하는 것이 중요함. • 주로 공공부문에서 적용 가능한 기법으로, 마포구 염리동의 경우 지역 주민들의 의견 조사를 통해 핫스팟hot spot을 설정한 후 핫스팟을 연결한 선을 중심으로 '소금길'을 조성하고 운동 동선으로 조성하여 활용성을 증대시킨 사례가 있음.
유지 관리	• 어떤 시설물이나 공공장소가 처음 설계된 대로 지속적으로 이용될 수 있도록 잘 관리하고 관리가 쉽도록 설계해서 사용자의 일탈행동을 자제시키는 원리 • 깨진 창 이론broken window theory을 통해 알 수 있듯이 관리되지 않는 공간과 시설에서는 주민의 책임의식 약화와 맞물려 각종 범죄가 증가할 수 있음. • 황폐화되거나 버려진 듯한 인상을 주는 장소와 시설물에서는 무질서와 범죄 발생 가능성이 높으므로 적절한 정비와 유지관리가 필요함.

출처: 서울시(2013).

계에서는 관련 경비를 줄이고 예산을 최소한으로만 책정해 왔다. 따라서 향후에는 직간접적인 안전의식 향상활동과 범죄예방 시장이 기존에 낮았던 의식 수준에 반비례해서 크게 늘어날 것으로 보인다.

리얼스틸:
사회구성주의와 로봇 스포츠

기술결정주의와는 반대로 기술이 단순히 인간을 위한 도구로 작동한다고 보는 관점 역시 존재한다. 사회구성주의자들은 기술결정주의자와 반대로 기술은 사회의 경제, 정치, 문화 등 여러 분야 중 하나이자 인간의 필요에 따라 만들어진 부속물에 불과해서, 인간이 어떤 방향으로 사용하는가에 따라 그 가치가 달라진다고 주장한다. 기술은 인간의 목적을 위해 사용되는 도구로서 존재 가치가 있으며 그 자체로는 의의나 목적이 없다고 보는 것이다. 리처드 매드슨의 단편 소설 〈스틸〉(1956)에서 착안해 스티븐 스필버그가 제작한 숀 레비 감독, 휴 잭맨 주연의 영화 〈리얼 스틸〉(2011)은 이런 사회구성주의의 가능성을 보여 준다.

그림 2-2 영화 〈리얼 스틸〉에서 컨트롤러 없이 로봇에게 동작을 가르치는 주인공

영화 초반부에는 기술문명사회의 폐해를 보여 준다. 한때 잘나가던 복싱선수였던 주인공은 더욱 자극적이고 폭력적인 복싱경기를 원하는 미래 사회에서 더 이상 환대받지 못하고 일자리를 잃는다. 인간선수가 사회의 부랑아로 내몰리는 대신, 로봇선수가 복싱경기를 대체하는 시대이다. 이는 효율성을 강조한 나머지 인간적 가치를 푸대접하는 도구적 합리성instrumental rationality의 단면이라고 할 수 있다. 여기서 나이 든 인간선수의 기량이나 경기운영 노하우, 자기관리 등의 요소는 아무런 의미가 없다. 기계에 비하면 비효율적이기 때문이다.

그러나 중후반부로 가면서 주인공은 변화를 겪는다. 아들과 함께 발견한 고철 로봇을 통해 잊고 지낸 가족애를 되새기고 복서로서 자신감을 되찾으며, 로봇복싱 코치라는 새로운 직업으로 가능성을 열어 간다. 이 전개는 인간의 사용 목적과 의지, 사용 숙련도에 따라 로봇의 가치가 달라진다는 점에서 도구주의적 사회 가치관의 배경으로 치환된다. 여기서 로봇은 인간을 지배하는 역할까지 발전하지는 않으며 어디까지나 인간의 조종을 통해서만 움직일 수 있는 수동적 기계로 등장한다. 이는 2020년이라는 비교적 근미래를 배경으로 했기 때문일 수도 있고, 스포츠와 같이 아직까지는 인간과 기계가 경합할 수 있는 여지가 남아 있는 과도기적 분야를 소재로 삼았기 때문일 수도 있다. 이런 상황에서는 로봇 역할의 한계와 제한을 두는 설정 방식을 이해할 수 있다.

이와 같은 사회에서 로봇은 인간의 다채로운 욕망이 어떻게 투영되느냐에 따라 그 존재 가치가 달라진다. 영화에서 로봇의 존재 가치가 극에 달한 부분은 인간선수의 대리자를 넘어 자신의 희망과 애정, 의지가 투영된 친구로 인정받는 모습이다. 자신의 막강한 챔피언 로봇이 고철 로봇에게 간신히 이기자 조종사가 자존심에 상처를 입고 화를 내는 행동, 거액의 제안을 받고도 친구처럼 아끼는 고철 로봇을 팔지 않는 소년의 의지, 알아들을 리 없는 로봇에게 일어나라는 응원을 하거나 함께 아파하며 눈물을 보이는 장면 등은 더 이상 로봇을 기계가 아니라 또 하나의 인간선수이자 친구로 대하는 모습과 유사하다. 이것은 기술결정주의와 비교했을 때 로봇 그 자체가 생명력을 터득했거나 인간의 운명이 로봇에게 선택되는 시스템이 아니다. 영화 〈매트릭스〉의 세계처럼 원본과 복제물이 뒤섞여 경계가 모호한 시뮬라크르가 아니라 실재와 비실재 간 구분이 명확하기 때문에 여전히 도구로서 기술이 작동하는 사회라고 할 수 있다. 즉, 여기서 로봇은 하나의 고유한 인격체라기보다 인간의 감정이 투영된 이미지이자 인간의 복제물로서 작용하는 것이며, 앞으로 미래 사회가 나아가야 할 기계와의 관계 설정을 비교적 긍정적인 관점에서 그린 유토피아식 전망이라고 볼 수 있다. 한편 이런 부분은 4장 '인간과 비인간의 공존사회'에도 공통적으로 적용될 수 있지만, 이 작품은 인간의 명령에 따라 수동적으로 움직이는 단순 로봇이 핵심역할을 하고 있고, 로봇이 인간과 대등한 존재가 되기에는 아직 어려운 근미래가 시대적 배경이기 때문에 기술문명사회의 사회구성론 관점 사례로 포함했다.

다만 아쉽게도 사회구성주의 역시 지금의 현대사회를 설명하는 데 한계점이 존재한다. 기술사회학에서는 사회구성주의가 기술이 인간에 끼치는 영향력을 간과했다는 점에서 문제가 있고, 반대로 기술결정주의 역시 사용자의 영향 없이 기술이 어떻게 독자적으로 발전하는가를 두고 모순이라는 지적을 받는다. 각각의 주장이 부분적으로는 논리적이나 기술과 인간 간 상호작용과 융합이 보다 활발해질 미래 사회를 총체적으로 설명하기 위해서는 두 주장을 절충한 관점이 필요하다.

한편 직업 전망을 보았을 때, 이런 사회에서는 로봇 개발자뿐만 아니라 로봇 관련 조종사, 트레이너, 수리공, 부품 매매상, 스포츠 해설가 등이 유망할 것이다. 특히 로봇 조종사의 경우, 자가학습이 가능한 딥러닝deep learning 방식의 강한 AI가 개발되어 인간의 조종이 필요 없어질 때까지는 지금의 스타플레이어처럼 높은 인기를 누릴 것이다. 현실에서는 비인기 스포츠 종목이라고 해도, 향후 로봇 조종 스포츠로 다시금 부활을 알릴 수도 있다는 점에서 눈여겨볼 만하다. 아울러 단체 팀워크가 강조되거나 인간의 현란하거나 섬세한 운동기술이 필요한 종목, 인간 고유의 정신력과 투지가 중요한 종목 등은 상대적으로 로봇 대체율이 더딜 것으로 보인다. 예를 들어 스포츠맨이나 예술가와 같은 직종은 4차 산업혁명 시대에도 비교적 입지가 탄탄할 것으로 예상된다. 피겨스케이팅처럼 로봇이 따라 하기 어려운 동작을 구사하거나 예술적 감수성과 상상력으로 예술작품을 창조하는 일은 인간의 고유 영역으로 간주되기 때문이다. 만약 영화에서처럼 로봇이 인간을 대체해서 스포츠맨이 될 경우 안전하다고 믿었던 직군마저 흔들린다는 점에서 이 전망을 보다 세심한 기준으로 검토할 필요가 있다. 일부 스포츠에 제한될 수 있지만 이런 미래 사회에서는 로봇 때문에 인간선수의 경쟁이 심화되거나 입지가 흔들려 종목이 아예 사라질 수도 있다. 또한 스포츠 심판 같은 경우에도, 축구에서는 이미 비디오 판독 시스템Video Assistant Referees, VAR 이 도입되어 오프사이드 여부나 골라인 범위 등을 인간심판 대신 정밀하게 파악해 주고 있다. 물론 모든 스포츠가 로봇으로 대체될 수는 없겠지만, 그렇게 되기 이전에 인간선수와 인간심판 등을 보호하기 위해 로봇의 참여를 제한하거나 로봇리그를 따로 만드는 등 제도적 개선과 완충장치가 필요하다. 일례로 2005~2011년에 방영된 EBS의 프로그램 '로봇파워'는 학생들의 창의과학능력을 고취시키고 인간 간 격투가 아닌 로봇 간 격투라는 볼거리를 제공해서 안전하고 덜 폭력적인 방식으로 대중적 관심을 끌었다. 이런 프로그램이 갖는 긍정적 효과를 감안해서 보다 다양한 형태의 로봇 활용 경진대회가 개최되었으면 하는 바람이다.

인디 에어:
해고 전문가와 인력 재배치

많은 학자들이 컴퓨터의 등장에 따른 일자리 창출을 신기술의 대표적 수혜라고 평가한다. 컴퓨터 부품을 만드는 원천기술업, 컴퓨터를 조립하고 수리하는 제조업, 컴퓨터를 부팅하고 운영하는 OS업, 그 밖에 컴퓨터 소프트웨어업과 인터넷업 등 다양한 직업군이 창출되었음을 강조한다. 4차 산업혁명의 장점을 주로 주장한 인공지능 전문가이자 스탠퍼드대 법정보학센터 교수인 제리 카플란은, 새로운 기술은 이전 산업혁명 때와 마찬가지로 기존 일자리를 없애기도 하지만 새로운 일자리도 창출하는데, 새로운 직업을 만들어 내는 데는 시간이 걸릴 수 있다고 밝힌 바 있다. 미래학자 피터 디아만디스는 급격한 기술발달로 상품과 서비스의 가격이 낮아지는 사회적 현상인 '디마너티제이션'demonetization으로 일자리 감소 문제가 해결될 수 있다고 주장하기도 했다(연합뉴스, 2017). 예컨대 스마트폰의 등장은 과거의 PC, 카메라, 휴대전화, 소프트웨어 등을 각각 따로 구매하면서 발생하는 수천 달러의 비용을 수백 달러대로 절감했다는 것이다. ICT는 시간이 지남에 따라 다양한 일자리를 만들어 내며, 장기적인 관점에서 보았을 때 새롭게 창출된 일자리가 줄어든 일자리를 넘어설 수 있다고 전망한다. 다만 4차 산업혁명을 긍정적으로 전망하는 학자들도 대체로 기술발달이 일시적인 여파라 할지라도 일자리 감소에 크든 작든 영향을 미친다는 사실 자체를 부인하지는 않는다.

긍정적 관점과는 다소 반대되는 경우로 제이슨 라이트먼 감독, 조지 클루니 주연의 〈인 디 에어Up In The Air〉(2010)는 온라인 해고 시스템이 도입되어 해고될 위기에 놓인 해고 전문가라는 독특하면서도 흥미로운 소재를 다루고 있다. SF물은 아니지만 이 영화는 미래 직업에서 몇 가지 중요한 정보를 제공한다.

첫째는 해고 전문가라는 직업의 필요성과 이 분야가 나름 중요해질 것이란 점이다. 직업을 가진 사람이라면 누구나 자신의 직장에서 잘리고 싶지 않다. 어느 누가 와서 통보하든 "당신은 방금 해고됐습니다."라고 말한다면 배신감과 실망감이 굉장히 클 것이다. 미국처럼 노동유연성이 높은 나라에서도 해고 사실을 통보하는 것을 무척 민감하고 거북한 이야기로 받아들인다. 매우 안타까운 일이지만, 영화에서뿐만 아니라 현실에서도 자신을 해고한 회사에 앙심을 품고 직장 상사와 동료들을 총기로 살해하는 사건이 발생하기도 한다.

건강보험 적용 문제 등 생각보다 절박한 사정으로 취업한 경우가 많기도 하지만 어쨌든 해고 문제는 해고를 통보하는 사람이나 당하는 사람 모두에게 유쾌한 경험이 아니라는 점을 알 수 있다. 감독의 자전적 이야기를 바탕으로 만들었다는 이 영화는 그렇기 때문에 해고 전문가가 감정의 완충장치로 작용할 수 있음을 보여 준다. 어제까지 또는 불과 몇 시간 전까지 웃으며 얘기를 나누던 직장 상사나 보스에게 해고 사실을 통보받기보다는, 차라리 자칭 전문가라고 하는 모르는 사람에게 해고 통보를 받는 게 나을 수도 있다는 것이다. 이런 측면에서 해고 전문가는 글로벌 금융위기와 제조업의 생산성 악화 등으로 경제위기를 겪고 있는 여러 나라에서 비교적 쓰임새가 높은 직업이 될 수 있다. 우습게 들릴 수도 있겠지만 총기 소지가 허가된 국가에서는 해고 전문가에게 안전수당을 지급할지도 모를 일이다.

해고 전문가는 타인의 마음을 이해하고 공감해 줄 수 있는 감성지수EQ가 높아야 하며, 한편으로는 사물을 있는 그대로 바라보고 객관적으로 평가하며 주변 상황에 휩쓸리지 않는 냉정한 판단력도 필요하다. 예컨대 청소년 상담전문가가 어떤 불행하고 끔찍한 일을 당해 집을 나와 범죄를 저지른 청소년의 심리상담을 맡았을 때, 함께 슬퍼해 주고 아픈 사연에 귀 기울여 주되 겉으로 보이는 표정이나 외적 상태로는 불안감이나 심각한 정서적 표정을 자제해야 상

대 청소년에게 감정의 전이가 되지 않고 안정감과 신뢰감을 심어 줄 수 있는 것과 비슷한 맥락이다. 요약하자면 해고 전문가는 앞으로 많은 국가에서 필요로 하는 직업이자, 감성과 이성을 고루 갖춘 사람에게 적합한 직업이라고 할 수 있다. 만약 주인공 라이언(조지 클루니)이 사람들을 효율적으로 해고하는 데만 관심이 있는 사람이었다면, 이 영화의 이야기는 더 이상 진전

그림 2-3 영화 〈인 디 에어〉 포스터. 신입사원 나탈리가 만든 온라인 기반 해고 시스템을 통해 숙련된 해고 전문가인 주인공 라이언도 해고당할 위기에 놓인다.

될 수 없었을 것이다. 주인공은 신입사원이 개발한 온라인 해고 시스템이 겉으로 보기에는 비용을 절감하고 빠르게 일을 처리해서 효과적으로 보이지만, 인간 대 인간으로서 아날로그적 커뮤니케이션이 작동하지 않는다는 치명적 단점이 있음을 발견하고 적극 반대했다. 그로 인해 해당 직원과 함께 처음으로 동반 출장을 떠나면서 새로운 에피소드로 나아갔고, 자신의 의견이 옳았음을 확인하고 더

많은 깨달음을 얻었던 것이다. 물론 온라인 해고 시스템이 도입되면 자기 자신도 해고될 수 있다는 점에서 밥그릇을 지키기 위한 다소 약삭빠른 행동으로 보일 수도 있지만, 적어도 회사가 추구하는 정책적 변화의 큰 물결 속에 자기 자신을 수동적으로 맡기지 않고 적극 의견을 개진했다는 사실만으로도 주인공이 미래 사회를 바라보는 시야가 비교적 트여 있음을 알 수 있다.

둘째는 재교육의 필요성이다. 영화에서 큰 비중을 보이진 않았지만 주인공이 해고 통보를 할 때 반드시 함께 곁들였던 얘기가 바로 재교육이다. 재교육 프로그램을 통해 당신이 원하는 분야로 복귀하거나 타 분야로 이직할 수 있게 도와줄 테니 절망하지 말고 희망을 가져도 된다고 했다. 일반적으로 이직 시장은 산업구조가 변화할수록, 기술발달이 가속될수록 보다 자주, 그리고 대규모로 영향을 받는다. 이때 고용노동부 등 범정부 차원에서 대량으로 발생한 실직자를 조기에 재교육시켜 다른 업종으로 전환하는 작업이 매우 중요하다. 지난 2018년에 발생한 한국GM의 군산공장 폐쇄와 2017년 현대중공업의 군산조선소 가동 중단 사건을 보면 재교육의 필요성을 절감할 수 있다. 해당 지역은 아직도 여파가 아물지 않고 있는데, 대기업의 잇단 탈출로 군산시 인구의 약 30%에 달하는 10만 명가량이 생계위기에 처했으며, 아파트값이 20~30% 폭락해서 전국에서 가장 큰 낙폭을 기록했다. 신규 아파트 역시 미분양이 속출하고 임대 시장도 불안정해서 상권이 되살아날 기미가 보이지 않고 있다. 이에 정부는 2018년 군산시를 산업위기대응특별지역으로 지정하고, 특별교부세 65억 원을 지원하는 등 개선책을 내놓고 있지만 당분간 지역경제 회복은 매우 어려워 보인다.

이런 상황에서 실업급여가 일자리를 순식간에 잃은 노동자들의 생명줄이 되고 있지만, 이는 어디까지나 임시방편이며 가장 중요한 것은 이들의 재취업을 도모하는 일이다. 물론 애초에 대기업들이 지역에서 철수하지 않았다면 가장 좋았겠지만, 중국처럼 공산주의 국가가 아닌 이상 기업과 지자체 간 맺은 계약에 따라 움직이는 것을 무조건 비난할 수는 없다. 그리고 인건비가 낮고 각종 규제를 완화해서 자유로운 시장여건을 제공하는 국가와 지자체를 찾아 그곳에 자리 잡고 이윤을 추구하려는 기업의 본질적 특성을 무시할 수도 없다. 이와 관련해서 덴마크에서는 기업의 유연성과 근로자의 안정성을 함께 추구하는 고용시스템인 플렉시큐리티flexicurity를 추진하고 있는데, 북유럽 복지국가와 우리나라 상황은 다르기 때문에 일괄 차용하기는 어렵지만 참조할 필요가 있다.

혁신 성장을 위해서는 과감한 결단력이 필요한데, 기업 입장에서는 높은 인건비와 과격한 노조활동이 발목을 잡을 수도 있다. 물론

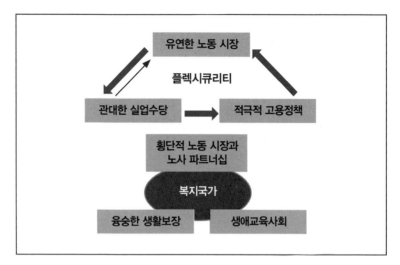

출처: 한일경제협회(2014).
그림 2-4 덴마크의 플렉시큐리티 개념도

사회적 안전망과 고용 안정성 보장 역시 원활한 소비경제를 위한 필수적 요소임은 틀림없다. 이렇게 두 마리 토끼를 잡기 어려운 상황에서 해고 전문가의 역할을 확대하면 문제점을 보완할 수 있다. 이미 엎질러진 물이라면 국가적 차원에서 해당 지역에 비슷한 업종의 신규 기업을 유치해서 클러스터의 효율적인 가동을 추진하면서 지역 노동자들의 빠른 재취업을 돕도록 직업교육을 전면적으로 실시하는 것이 가장 현실적인 대안일 수 있다. 이를 위해서는 해고 전문가가 각종 재교육 프로그램과 재취업에 관한 정부지원을 잘 이해하고 있이야 한다.

마지막 셋째는 헤드헌터의 역할 확대이다. 앞서 언급한 것처럼 해고 전문가는 해고만 통보하는 것이 아니라 자연스럽게 재교육을 연계해 주는 역할도 중요하다. 재교육의 궁극적 목표는 결국 재취업이므로 만약 재교육이 필요 없는 상황이라면 인력이 필요한 기업과의 매칭을 제공할 수 있어야 한다. 이는 해고 전문가보다는 헤드헌터의 영역에 가깝지만 유능한 해고 전문가일수록 사람들에게 채찍보다는 당근을 제시해야 한다는 점에서 이 또한 필요한 능력이다. 즉, 해고를 통보한 상황에서 상대방이 본인의 분야가 아닌 타 분야로 이직을 원한다면 재교육(타 분야 일반교육)을, 같은 분야라도 보다 전문성이 필요한 직급이나 업무를 원한다면 마찬가지로 재교육(심화교육)을 권장하고, 동일한 분야에 재취업을 원한다면 기업 인사담당자들과의 네트워크나 구인구직 플랫폼을 통한 취업 알선 및 중계자(헤드헌터)의 역할이 필요하다.

정리하자면 이 영화는 4차 산업혁명과 관련된 기술과의 연관성은 적지만, 언제 어느 때나 발생할 수 있고 미래 사회에서는 더욱 대량으로 발생할 가능성이 높은 해고라는 소재를 통해 직업 간 이동을 관리하고 지원하는 전문가의 역할과 중요성을 보여 준다. 여기에 해고 전문가와 별도로 헤드헌터 역시 확대될 가능성이 높은 유망한 직업군이라는 점을 예상할 수 있다.

레디 플레이어 원:
가상세계산업과 암호화폐

영화 〈에이 아이〉, 〈인디아나 존스〉, 〈쥬라기 공원〉 등으로 유명한 스티븐 스필버그 감독의 〈레디 플레이어 원〉(2018)은 드론 활용, 수많은 게임에 대한 오마주, 이스터 에그 에피소드 등 여러 면에서 흥미로운 점이 많다. 그중에서도 특히 주목할 부분은 가상현실Virtual Reality, VR 기술인데, 2045년이라는 근미래를 배경으로 그 시대에 구현될 법한 VR 기술을 보여 준다. 이를테면 영화 속에서는 현실 세계에서 물리적으로 수행하기 힘든 행동, 예컨대 아주 높게 점프를 하거나 빠른 속도로 달리고 구르기, 심지어 하늘을 날아다니는 동작까지 가능한 것으로 나온다. 이를 사실적으로 뒷받침하기 위해 주인공이 자신의 아지트인 트럭 안에 설치된 트레드밀에 오르면 천장과 연결된 다중 와이어로 360도 방향 전환과 이동이 가능하도록 묘사하고 있다. 이와 같은 물리적 장치는 실제 VR 산업에서 소프트웨어 개발 못지않게 매우 중요한 영역으로, VR 콘텐츠를 구현할 하드웨어 없이는 실감성과 몰입도가 떨어질 수밖에 없다. [그림 2-5]는 미국 VR 전문기업 버툭스사社가 개발한 VR 트레드밀 '버툭스 옴니Virtuix Omni'인데, 게임을 더욱 실감나게 즐기면서 동시에 운동 효과

출처: http://www.virtuix-omni.co.kr/company/content1
그림 2-5 VR 트레드밀 '버툭스 옴니'

도 볼 수 있다.

따라서 스마트 기기의 확산과 네트워크 진화로 디지털 콘텐츠 융합 비즈니스 사례가 증가하고, 다양한 분야로 확산되어 VR 산업에도 새로운 시장이 열릴 것으로 예상된다. 독일 통계포털 스타티스타Statista에 따르면 전 세계 VR 시장 규모는 2020년 기준 100억 달러에 이르며, 매년 약 30억 달러씩 증가해 2022년에는 163억 달러에 달할 것으로 나타났다.

VR 산업은 장비 부문, 시스템 부문, 서비스 부문 등 크게 세 가지로 구성된다. 장비 부문은 대학이나 공공연구소 등의 기초 연구결과를 토대로 주로 중소 벤처기업이 제품을 제작 판매하고, 시스템

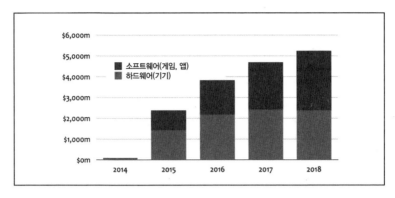

$6,000m
$5,000m
$4,000m
$3,000m
$2,000m
$1,000m
$0m

■ 소프트웨어(게임, 앱)
■ 하드웨어(기기)

2014 2015 2016 2017 2018

출처: http://news.kotra.or.kr/user/globalAllBbs/kotranews/album/2/globalBbsDataAllView.do?dat
aIdx=156446&searchNationCd=101001

그림 2-6 전 세계 **VR** 시장 규모(2017년 예상 자료)

부문은 대기업과 중소기업이 함께 사업에 참여하지만 규모가 큰 산

업 시스템의 경우 대기업이 주도하고 있다. 현재 참여하고 있는 중

소기업 중 일부는 대기업에서 분사한 기업이며, 대기업으로부터 핵

심기술 지원을 받고 있는 곳도 있다. 기존 VR 서비스의 대부분은 대

기업 위주로 사업이 영위되는데, 이때 서비스 부문의 두드러진 대

기업 편중 현상은 사업 초기에 막대한 자본이 필요할 뿐만 아니라

사업의 진행 과정에서 발생할 수 있는 자금 동원 능력과 인지도가

고객 확보에 중요하게 작용하기 때문이다. 다만 스마트폰의 등장으

로 수요가 커진 모바일 증강현실Augmented Reality, AR 서비스는 기존 서

비스와 비교하면 상대적으로 중소업체들의 활동이 활발한 편이다.

표 2-3 가상현실과 증강현실의 산업동향

구분	현황
기술	• 사용자의 몰입 경험을 향상시키고 가상멀미를 최소화할 수 있는 '디스플레이 기술'과 '트래킹 기술'을 중심으로 연구개발 진행
시장	• 기기 형태별 시장 규모는 Mobile AR, Smart glass(AR HMD), VR HMD, Mobile VR 순으로 성장할 것으로 예측 • 산업별 시장 규모에서 AR 기술은 전자상거래 및 하드웨어, 광고 산업 등에서 확대될 것으로 전망되며, VR 기술은 게임 산업을 중점으로 하드웨어, 위치기반 가상여행 등에서 시장 규모가 확대될 전망 • 초기 성숙기 단계인 AR/VR 시장 확보를 위한 스타트업의 기술력 경쟁이 심화되고 있으며, 2~3세대 제품을 출시한 기업들은 기술 수준뿐만 아니라 가격 측면까지 고려해서 시장 경쟁력을 확보하고 있음.

출처: KISTEP(2018b).

한편, 미국 경제월간지 패스트컴퍼니는 '2019 세계에서 가장 혁신적인 기업'The World's Most Innovative Companies of 2019에서 유니티 테크놀로지스가 엔터프라이즈 부문 1위를 차지했다고 밝혔다. 유니티는 전 세계 개발자들이 VR, AR, 2D·3D 모델링을 개발할 수 있도록 실시간 플랫폼을 제공하는 업체로, 이 회사의 엔진으로 제작한 콘텐츠가 전 세계 약 30억 대의 기기에서 사용 중이다. 포켓몬 고, 하스스톤, 앵그리버드 등이 유니티 엔진으로 개발된 대표적 콘텐츠이다. 2017년 기준 전 세계 650만 명의 개발자가 유니티 엔진을 사용하고 있으며, 약 50%의 시장 점유율을 갖고 있다. 우리나라도 이런 글로벌 저작도구 기업을 만들 필요가 있다. 국내에서는 VR 콘텐츠 생산의 전

주기를 지원하는 저작도구가 아닌 콘텐츠 자체의 생산만을 지원하는 협의적 의미에서 사업 목표가 설정되어 있다. 따라서 VR 콘텐츠 산업 생태계 조성을 소극적 의미로 해석하고 있으며, 생태계 조성에 대해 언급은 하고 있으나 생태계에 부분적으로 기여하는 것으로

표 2-4 주요 글로벌 IT 기업의 VR 전략 현황

	하드웨어	소프트웨어 (콘텐츠)	네트워크	비고
삼성전자	기어 VR HMD 오딧세이	–	삼성 VR 닷컴	HMD 오딧세이는 MS와 협업
페이스북	오큘러스/ 오큘러스고(Go)	AR 스튜디오 (Camera effect)	페이스북	무선 VR 헤드셋 (준비 중)
구글	카드보드/ 구글글래스	AR 코어	데이드림/ 유튜브	–
애플	T228 (AR 헤드셋)	AR 키트 저작도구(tools) rOS	앱스토어	–
마이크로 소프트	홀로렌즈 (Hololens)	윈도우 10	알트스페이스 (Altspace) VR(Social VR platform)	삼성과 협력
소니	플레이스테이션 VR	PS 타이틀	PS4	–
HTC	바이브(Vive)	–	스팀(Steam) VR	구글에 스마트폰 사업 매각 구글의 VR 하드웨어 전략적 파트너
아마존	아마존 스마트 글래스(Smart Glass) 개발 중	Alexa(AI 플랫폼) 럼버야드 (Lumberyard, 게임 엔진)	트위치 (Twich, 게임 커뮤니티)	VR/AR 기반 전자상거래 (e-commerce) 준비 중

출처: 삼성 뉴스룸(2018).

정의하고 있는 형편이다. 늦었지만 지금이라도 유니티의 독점을 막기 위해 VR 산업의 하드웨어 및 콘텐츠 활성화를 위한 품질 인증, 기술 및 서비스 관리, 저작도구 기술 등의 서비스 지원이 가능한 개방형 콘텐츠 유통 플랫폼을 개발해야 한다. 글로벌 업체들 역시 자사의 플랫폼을 통해 하드웨어와 소프트웨어를 공급하는 수직통합형 전략을 내세우고 있어 이런 플랫폼 전쟁에서 밀려 다시는 역전하기 힘든 상황이 발생하지 않도록 시장 선점을 위한 표준화 전략이 필요하다.

부정적 이슈의 측면에서 보면 VR 산업이 본격화되기 전에 해결해야 할 문제도 많다. 중소벤처기업부(2018)에 따르면, VR 산업은 HMD head mounted display, 데이터 글러브 data glove, 모션트래킹 장치 등으로 산업 혁신, 신시장 창출 등의 발전적인 모습도 있지만, 융합제품에 대한 수요기업이 부족하고 정보, 콘텐츠, 기술융합 대상 기업 간의 협력에서 새로운 가치사슬과 시장 창출에 대한 위험을 감수해야 하므로, 과감한 민간투자나 기업 간 적극적 협력이 어려운 편이다. 또한 사실상 개인 콘텐츠 공유에 대한 검열과 규제가 어려워 비정상적인 콘텐츠의 공유 위험, 타인의 저작권 침해 위험 등이 존재하는 상황이다. 따라서 새로운 융합 콘텐츠 비즈니스 모델의 시장 진출에 관한 선진 사례 교육, 창의적인 아이디어의 제품화를 적극 지원하는 제도적·금융적 지원이 필요하며, 관련 산학과 수요 기업의 연결을 활성화할 필요가 있다. 국내 VR 관련 기술은 학계를 중심으로 개발되어 부분적인 성과를 내고 있지만, 산학연 협력체제는 낮은 수준에 머물러 있어, 이를 실질적으로 산업화하기에는 어려움이 따른다. 융합 콘텐츠의 신규 비즈니스 모델 생성부터 시장 창출까지 민간 부문 자체의 역량만으로 수행하기에는 어려움이 있으며, 타 기업 부문 간에 상호 지식과 기술, 비즈니스를 이해하고 협력을 추진하는 프로세스와 커뮤니케이션 능력이 부족하다는 점도 단점이다. 첨단 IT 기술의 적용으로 발생하는 산업구조 변화에 대한 거부감으로 관련 기업에서는 가상공학 등 신기술 도입이 늦춰지고 있

표 2-5 **VR/AR** 적용 사례

분야	내용
국방	• VR 시뮬레이션을 통한 군사훈련(항공, 전투, 의료)
공학	• 생산 전 시나리오 테스트를 통한 생산성 증진 및 비용 절감
건강	• 의사 진료과정 및 일정관리 지원 툴인 구글 글라스(CT 스캔, **MRI** 등 투영) • 물리치료 및 포비아 치료: 불안장애(**PTSD** 등), 공포증(고소공포증 등) • 가상 방문을 통한 의료 접근성 증가
교육	• **3D**를 통한 전 과정(의무교육 기간 + 전문대 이상 고등교육 기간) 교육 혁신 • 구글은 무상으로 학교에 카드보드 제공 • **100**개 이상의 '가상영역 여행' 개발

출처: 정보통신산업진흥원(2018).

다. 특히 가상현실 콘텐츠 제작에 사용되는 3D 모델링 도구를 해외 제품에 의존하면서 구입비용과 로열티 지급액이 늘어나 디지털콘텐츠 제작 기업의 부담도 증가하고 있다.

　그럼에도 글로벌 VR 시장은 여전히 매력적이며 AR, MR(혼합현실)의 기술개발과 맞물려 시너지를 일으킬 것으로 보인다. 또한 유니티에서도 게임, 영화, 애니메이션 이외에도 의료나 국방 등 공공 서비스와 일상적인 콘텐츠에도 점차 확대 개발할 계획을 갖고 있는 등 향후 VR의 활용가치는 그야말로 무궁무진하다고 할 수 있다. 이런 전망 속에 자연스레 VR 관련 엔지니어와 콘텐츠 개발자의 역할 역시 중요해지며 몸값이 높아질 전망이다. 많은 공학자들이 관심을 갖고 뛰어들겠지만 일상생활의 모든 부분에서 VR, AR이 적용되면 응용 분야가 무궁무진하기 때문에 계속해서 일자리가 창출될 것으로 보인다.

　다음으로 눈여겨볼 부분은 〈레디 플레이어 원〉의 경제구조이다. 영화에서 사람들은 오아시스라고 부르는 게임 같은 가상현실에서 현실보다 더 많은 시간을 보내며 경제적 활동을 벌이는데, 이는 현재 리니지 등 기존 유명 MMORPG 속 화폐가 실물경제에서 통용되는 모습이 투영되었다고 할 수 있다. 이런 종류의 스토리와 배경은 최근 들어 다양한 문화 콘텐츠에 등장하는데, 예컨대 네이버 웹

그림 2-7 영화 〈레디 플레이어 원〉. 가상현실 공간인 오아시스에서 전투를 통해 얻은 코인은 영화 속 현실 세계에서도 사용 가능하다.

툰 〈레이드〉(2019)와 〈열렙전사〉(2016), 영화 〈써로게이트〉(2009) 등을 비롯해 게임 〈심시티〉, VR이 아닌 AR의 개념이지만 그래서 더욱 현실성이 높아진 〈포켓몬 고〉까지 여러 장르에서 꾸준히 차용되고 있다. 이는 SF물이지만 허황되지 않고 나름 개연성이 높은 점이 소비자에게 매력적으로 어필했기 때문으로 분석된다. 여기에서 주목할 부분은 암호화폐(가상화폐)인데, 블록체인의 등장과 함께 동반 발달 중인 암호화폐 기술의 다양한 쓰임새를 엿볼 수 있다.

물론 암호화폐의 전망이 마냥 밝은 것만은 아니다. 롤러코스터 같은 급등과 폭락을 거듭한 비트코인의 사례가 대표적이다. 한때 블록체인의 찬란한 장밋빛 전망의 사례로 칭송받던 비트코인은 유시민 작가(전 보건복지부 장관) 등 지식인들에게 17세기 네덜란드 튤립 버블에 버금갈 정도의 도박상품으로 취급받고 있다. 물론 이런 비판론이 블록체인의 필요성과 중요성을 무조건 부정하는 것은 아니다. 암호화폐를 합법적인 테두리에서 정부가 지원하고 관리한다면 블록체인의 발달에 큰 도움이 될 것이라 주장하는 학자들도 있다.

 그러나 비트코인에 몰렸던 검은 돈, 해킹 및 조작 사건, 거래소의 파산, 비실물자산으로서의 한계 등 여러 상황을 종합해 보면, 비트코인을 통해 돈을 번 사람은 극히 소수에 불과하고, 관련 기술개발 업체와 범죄자, 중계업자, 정보를 알고 있는 부자들만 돈을 벌었을 것으로 추정된다. 루크 헴스워스, 커트 러셀 등이 출연한 영화 〈크립토〉(2019, 국내 개봉명은 〈비트코인〉)에서도 비슷한 우려가 제기되는데, 미술관에 흘러 들어간 천만 달러의 암호화폐가 러시아 마피아의 자금세탁용 검은 돈이라는 설정이다. 현실에서도 투기세력이 한창 고점까지 올려놓은 거품에서 상투를 잡아 막대한 피해를 입은 일반인이 신용불량자가 되거나 자살시도를 했다는 뉴스가 종종 나온다. 영화적 재미를 위한 극적인 사례까진 아니더라도 기술은 항상 양면성이 있기 마련이고, 사람들은 자신에게 유리한 방향으로 기술을 사용하려는 독점 욕망이 있다는 점을 상기할 필요가 있다.

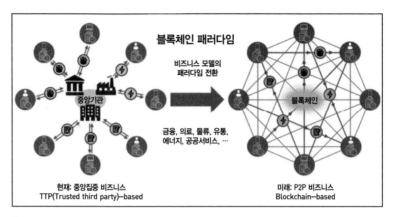

출처: KISTEP(2018a).

그림 2-8 블록체인의 개념 변화: 중앙집중 비즈니스에서 P2P 비즈니스로의 혁신

블록체인을 좀 더 구체적으로 살펴보자. 블록체인은 말 그대로 각
각의 정보 블록이 체인처럼 연결된다고 해서 붙여진 이름이며, 비
트코인을 비롯한 수많은 암호화폐의 등장과 함께 주목받기 시작했
다. 개념적 정의를 살펴보면, "온라인 금융거래정보를 블록 형태로
연결해서 P2P~peer-to-peer~ 네트워크에서 중앙 서버가 아닌 참여자들의
개인 디지털 장비로 분산시켜 공동으로 관리하는 방식"(한국정보통신
기술협회 홈페이지)으로 정의하고 있다. 즉, 블록체인이란 네트워크 안
의 모든 참여자(노드)가 공동으로 거래정보를 검증, 기록, 보관하는
분산된 공개장부이며, 동시에 공인된 제3자 없이 신뢰성을 확보할
수 있는 기술을 말한다. 이는 화폐적 가치를 인증하고 이를 관리하

는 중앙정부의 역할이 블록체인 참여자 개개인에게 위임된다는 점에서 기술적 혁신보다는 시스템의 혁신에 가깝다고 볼 수 있다. 암호화폐 기술은 이미 수십 년 전부터 사이버머니, 전자결제, 가상화폐 등에 이용되어 왔기 때문이다.

블록체인이 중요한 이유는 무엇일까? 블록체인의 대표적 특징이자 장점과 밀접한 연관이 있는데 크게 네 가지를 들 수 있다.

첫째는 보안성으로, 분산된 장부라는 특성 때문에 모든 장부를 해킹하려면 고비용이 발생하므로 실질 이득이 없다는 점이다. 이는 반대로 분산 시스템이기 때문에 디도스 공격 등 단기간의 직선적 루트에 무너지지 않는 높은 보안능력을 갖고 있다. 또한 중앙집중관리가 불필요하여 내부자의 조작, 정보 유출 등의 위험이 감소한다.

둘째는 투명성으로, 공개된 장부라는 특성상 모든 참여자가 장부를 공유하고 공개하기 때문에 거래 기록의 투명성이 높다는 장점이 있다. 첨단기술로 중무장해도 대부분의 분식회계나 금융사고 등은 결국 인재人災라는 점에서 투명성이 중요한 금융거래나 회계관리 분야에서 주목받을 만하다.

셋째는 저비용으로, 시스템의 안정과 참여자 간 정보 공유로 인해 공인된 제3자가 필요하지 않기 때문에 블록체인의 초기 도입 시 구축 비용을 제외한다면 추가 비용이 적게 들어 중장기적으로 비용 절감이 가능하다. 누구든지 장부의 무결성을 언제 어느 때나 확인할 수 있는 감사기능이 있는 셈이다. 기존 시스템은 제3자에게 검증 수수료를 지불하게끔 되어 있다. 또한 보안성이 높기 때문에 보안 투자 비용 역시 절감 가능하다.

넷째는 효율성으로, 공개된 소스를 바탕으로 블록체인을 구축하고 연결하기 쉬운 편이며, 아이디어를 수용하거나 이를 기반으로 확장하는 능력 역시 탁월하다. 거래 승인과 기록 관리 역시 다수 참

표 2-6 블록체인 종류 비교

구분	공개 블록체인	개인 블록체인	컨소시엄 블록체인
거버넌스	한번 정해진 법칙을 바꾸기 매우 어려움.	중앙기관의 의사결정에 따라 변경 가능	컨소시엄 참여자들의 합의에 따라 변경 가능
데이터 접근	누구나 접근 가능	허가받은 사용자만 접근 가능	허가받은 사용자만 접근 가능
거래 증명	알고리즘으로 동작(PoW, PoS), 익명의 거래 증명자	중앙기관에 의해 거래 증명이 이루어짐.	사전에 합의된 규칙에 따라 거래 검증, 인증된 거래 증명자 존재
암호화폐	필요	불필요	불필요
장점	• 안정성, 신뢰성, 익명성, 투명성 보장	• 높은 효율성과 확장성 • 처리 속도가 빠름. • 기업별 특징에 특화 가능	• 높은 효율성과 확장성 • 처리 속도가 빠름. • 민감 정보를 처리하는 역할 부여 가능
단점	• 확장성이 낮음. • 처리 속도가 느림.	• 보안성이 낮음.	• 개입이 필요할 수 있음. • 투명성과 보안성이 낮음.
활용 예	비트코인, 이더리움	나스닥 Linq	R3, CEV, 하이퍼레저

출처: 소프트웨어정책연구소(2017).

여자에 의해 자동적으로 실행된다. 기존 시스템은 비용이나 보안의 문제로 아예 비공개이거나 폐쇄적으로 운영되기 때문에 이런 확장에 제약이 있다.

반면 단점 역시 존재하는데, 이 역시 크게 네 가지를 꼽을 수 있다.

첫째, 아직까지 완성되지 않은 미완성 기술이라는 점이다. 이로 인해 은행, 보험사, 증권사 등 각 금융기관별로 구조적 틀을 새롭게 만들어야 한다는 번거로움이 있다.

둘째, 네트워크를 전면적으로 교체해야 한다는 점이다. 기존 시스템은 중앙집중형이라 전용선이나 폐쇄망을 사용하므로 네트워크 시스템의 변경이 필요한데, 이로 인해 시간과 비용이 발생한다.

셋째, 처리 속도가 느리고 처리 용량에 한계가 있다는 점이다. 아직 개발단계에 있기 때문에 기존 시스템보다 처리 속도가 느리고, 특히 기록이 누적되어 대용량일수록 시스템의 과부하가 예상된다. 이는 블록체인이 자체적으로 해결하기 어려운 문제이므로 5G* 서비스 개통과 단말기 보급과 함께 단계적으로 해결될 것으로 기대된다.

---

* 지난 2018년 12월을 기점으로 국내 5G(IMT-2020) 서비스가 개통되었다. 5G는 속도가 4세대 LTE보다 20배가량 빨라졌고, 저지연low latency 기술로 인해 끊김 현상 없이 콘텐츠를 이용할 수 있다. 이로 인해 실감형 콘텐츠 같은 대용량 데이터를 처리할 수 있는 기술적 토대를 마련했다는 평가를 받고 있다. 특히 자율주행 자동차나 의료용 로봇의 경우, 약간의 지연만 발생해도 급제동이 늦어지거나 수술에 오차가 생겨 운전자와 환자의 생명을 위험하므로 5G가 아니면 불가능하다. 이와 같은 초고속 네트워크는 우리 사회의 다양한 분야에서 응용할 수 있으므로 관련 일자리 역시 증가할 것으로 보인다. 2020년 현재 판교와 세종 등에서는 5G 자율주행 셔틀버스 상용화를 앞두고 있다.

넷째, 법제도가 미비하다는 점이다. 기존 금융 관련 법제도는 중앙집중형 시스템에 초점이 맞춰져 있으므로 새롭게 신설되는 암호화폐 관리소 등에 대한 법적 관리나 감독이 이뤄져야 한다. 또한 내

표 2-7 정부 주도 블록체인 응용 사례

국가	적용 분야	내용
미국	의료정보	공공 의료정보시스템 개선 및 정보 관리 방안 추진
	우편 서비스	우편물 배송상태 확인, 직거래 금융서비스 등에 적용
영국	연금지급 관리	연금 수령자들의 지급내역 관리에 블록체인 기술 적용을 시험 중
	국가 주요시설 관리	국가 핵심시설의 해킹 방지를 위해 블록체인 도입
에스토니아	전자신분증	1,000개 이상의 정부 서비스에 원스톱으로 접근 가능, 블록체인 인증 기능이 적용됨.
	전자투표시스템	블록체인 기반의 전자투표시스템 개발 중
두바이	정부 문서 관리	2020년까지 모든 정부 문서를 블록체인에 담겠다는 계획 발표
	관광산업	두바이 10X 계획으로 블록체인 기술로 모든 관광기관과 단체를 연결하여 실시간 가격정보를 제공할 계획
스웨덴	부동산 거래	부동산 거래과정을 블록체인에 저장할 수 있는 시스템 개발
러시아	관광산업	블록체인 기술을 관광산업과 연결하여 질 좋은 관광서비스를 제공할 예정
한국	금융	국내 주요 금융기업은 블록체인 기술 도입과 제휴 등 다양한 형태로 투자를 확대, 블록체인 기반 문서인증 등 다양한 금융서비스를 적용
	ICT	삼성전자, 삼성SDS, LG CNS는 블록체인 기반 금융상품 오픈 플랫폼 개발, 전자증권 발행 성공, 온라인 거래인증 기술개발

출처: 김수정(2019).

국인뿐만 아니라 전 세계 모든 사람이 자유롭게 이용할 수 있으므로 과열투기 등 부작용에 대비해 자국민을 보호하기 위한 법적 근거를 마련해야 한다.

현재 세계의 블록체인 개발 현황을 살펴보면 중앙정부가 통제하는 허가형을 기반으로 관련 연구와 사업이 진행된다. 블록체인의 가능성은 무궁무진하나 비트코인 광풍으로 시작된 과도한 투기로 인해 블록체인 전체에 대한 불신과 오해가 생겼고, 일정 부분 정부 개입의 필요성을 주장하는 여론이 조성되었기 때문이다. 이는 지난 2018년 1월 JTBC 뉴스룸에 출연한 유시민 작가가 언급한 "암호화폐는 튤립 버블에 버금가는 한탕주의"라는 우려 섞인 의견에서도 드러난다. 반면 정재승 카이스트 교수는 "기술적 진화를 잘 모르는 사람의 지나친 걱정"이라는 반대의견을 내세우기도 했는데, 단기적인 결과로 보면 유시민 작가가 예측한 것처럼 세계 최초 자본주의의 버블 붕괴인 네덜란드 튤립 구근의 투기와 폭락 사건을 답습하는 듯하다.

또한 정부 차원에서 암호화폐의 가능성과 필요성을 인정하면서도, 한편으로는 암호화폐 통제에 실패할 경우의 위험성을 경고하기도 한다. 자국 화폐의 몰락에 따른 엄청난 경제적 재앙과 함께 지하경제의 거래수단으로 악용되어 세수가 덜 걷히거나 범죄 조직이나 사건이 증가하는 효과를 우려하는 경계심이 작용했다고 볼 수 있다. 이로 인해 국가별로 조금씩 상황은 다르지만 전면 개방이 아닌 부분 규제 상태로 활용·개발되고 있다.

표 2-8 글로벌 IT 기업의 서비스로서 블록체인 활용 사례

기업명	플랫폼	세부 내용
IBM	블록체인 플랫폼	• 클라우드 기반 플랫폼에서 블록체인 생태계를 신속하고 경제적으로 개발, 관리 및 운영 가능 • 베타 기간 스타터 멤버십 플랜Starter Membership Plan 무료 가입 및 엔터프라이즈 멤버십 플랜Enterprise Membership Plan으로 프리미엄 기능 지원
마이크로소프트	애저 블록체인	• 코다Corda, 이더리움Ethereum, 하이퍼레저 패브릭Hyperledger Fabric을 포함하여 적합한 블록체인 원장을 고객이 선택할 수 있도록 사전 구성된 모듈형 옵션으로 애플리케이션 개발 소요시간이 단축 • 블록체인 솔루션 자체에 대해 요금을 부과하지 않으며 컴퓨팅, 스토리지 및 네트워킹 등 리소스만 구매하는 방식
아마존	블록체인 템플릿	• 이더리움이나 하이퍼레저 패브릭 원장 기술을 기반으로 구축 • 이더리움은 공개 애플리케이션을 대상으로 하며, 하이퍼레저 패브릭은 프라이빗 클라우드 애플리케이션에 적합
오라클	블록체인 클라우드 서비스	• PaaS의 일환으로 블록체인 클라우드 서비스를 선제적으로 시작 • 오픈소스 하이퍼레저 패브릭 프로젝트 위에 구축되어 기업 고객이 관리하는 방식으로 블록체인 제공
바이두	블록체인 오픈 플랫폼	• 2018년 초 자체 개발한 기술로 BaaSBlockchain-as-a-Service 플랫폼 출시 • 거래의 빠른 작성 및 추적을 목표로 디지털 통화, 보험 관리, 디지털 청구, 은행 신용 관리 등 서비스 분야에 활용 계획
화웨이	블록체인 서비스	• 기업들이 스마트 계약을 체결할 수 있도록 지원하는 블록형 플랫폼 출시 • 오픈소스 하이퍼레저 패브릭 위에 구축되어 공급망과 관련된 솔루션 개발, ID 확인, 재무 감사, 토큰화된 증권 자산 등 공공서비스 개발에 활용할 계획

출처: 소프트웨어정책연구소(2018).

블록체인의 주요 적용 분야로는 금융과 부동산 거래와 같은 비즈니스 분야가 활발하나 투표와 같은 공공서비스 분야에서도 개발이 완료되어 시범 테스트가 이뤄지고 있다. 여러 가지 우려와 제한적 적용에도 불구하고, 블록체인은 위변조가 불가능해서 신뢰성과 보안성을 확보할 수 있다는 점과 편리성, 가용성 등의 측면에서 혁신적이라는 평가를 받고 있다. 또한 화폐 거래에 따른 환율 변동, 환전 수수료, 신용카드 결제 수수료 등 기존 거래방식의 단점을 보완해서 모든 산업에 전방위적으로 활용할 수 있다. 따라서 아직은 갈길이 멀지만 향후 블록체인 기술은 국가적 연합을 통해 표준화 관리될 가능성이 높다. 글로벌 IT 기업들은 PaaS Platform-as-a-Service의 일환으로 클라우드 기반의 블록체인 기능을 포함한 솔루션을 출시했으며, 페이스북 같은 소셜미디어 그룹 역시 리브라코인을 유통시키고 있는데 이런 행보는 핀테크 분야의 활성화로 이어질 전망이다.

아이, 로봇:
자율주행 자동차와 스마트 팩토리

알렉스 프로야스 감독, 윌 스미스 주연의 영화 〈아이, 로봇〉(2004)은

AI 로봇이 인간을 돕는 2035년 근미래를 다루고 있다. 로봇은 인간을 위한 절대적 알고리즘인 '로봇 3원칙'을 바탕으로 요리, 비서, 구조 등 인간의 일상생활에서 없어서는 안 되는 절대적인 도움을 준다. 로봇 3원칙은 1942년 아이작 아시모프Isaac Asimov의 SF 단편 〈런어라운드Runaround〉에서 처음 언급된 개념으로, 이후 《강철도시The Caves of Steel》(1953) 등 여러 작품에서 비슷한 견지를 유지하며 인용되었다. 이 법칙은 사고가 발생했을 때 책임을 물을 수 없는 로봇을 용이하게 관리하고, 인간을 보다 안전하게 보호하기 위해 만들어졌다. 얼핏 논리적으로 빈틈없어 보이지만 원칙 사이에 모순이 발생하는 상황을 통해 AI 로봇의 한계점을 제기하기도 한다.

> 원칙 1 로봇은 인간을 다치게 해선 안 되며, 인간이 다치도록 방관해서도 안 된다.
> 원칙 2 원칙 1에 위배되지 않는 한, 로봇은 인간의 명령에 복종해야 한다.
> 원칙 3 원칙 1, 2에 위배되지 않는 한 로봇은 스스로를 보호해야 한다.

〈아이, 로봇〉에서도 원칙 사이의 충돌에 따른 갈등을 다루고 있다. 예컨대 과거 주인공(윌 스미스)이 교통사고를 당했을 때, 자신을 구하러 온 로봇에게 함께 사고를 당한 소녀를 먼저 구하라고 명령했지만 로봇은 소녀보다는 주인공의 생존 가능성이 더 높다며 소녀의 구조를 포기하고 주인공만 구한 적이 있어 이를 계기로 주인공은 로봇에게 반감을 갖게 된다. 인간이라면 생존 가능성이 높든 그렇지 않든 소녀를 먼저 구했을 텐데 로봇은 확률만 계산해서 판단한 것이다. 물론 이런 모순 역시 우선순위 가치를 프로세스에 어떻게 반영하느냐에 따라 또는 더욱 세부적인 기준으로 법칙을 만든다면 해결할 수도 있겠으나, 그런 프로세스를 누가 어떤 기준으로 판단해서 만들 것인지도 문제가 된다. 한편 흥미로운 점은 로봇을 싫어하는 주인공 역시 자신의 팔 하나를 기계로 대체한 채 살아가고 있었고, 이를 통해 위기를 넘기는 순간도 있다는 것이다. 주인공은 기계 자체를 싫어하는 게 아니라 인간처럼 사고하지만 인간성이 없는 AI 로봇을 싫어함을 알 수 있다.

영화의 줄거리는 이렇다. 어느 날 유명 로봇 개발자인 래닝 박사가 사망하자 이에 대한 조사를 맡은 형사 델 스프너(윌 스미스)는 그의 죽음에서 석연찮은 점을 발견하고 한 로봇을 피의자로 의심하고 그를 쫓는다. 그러나 '써니'라는 이 로봇은 로봇 제조사의 거대한 음모를 막기 위해 래닝 박사가 특별한 용도로 만든 로봇이었고, 오해가 풀린 델은 써니와 함께 힘을 합쳐 일종의 자아를 지니고 인간에 적의를 갖게 된 메인 컴퓨터인 '비키'로부터 도시를 구한다. 이런 설정은 영화 〈터미네이터〉의 스카이넷과 유사하다. 본격적인 AI 기술에 대해서는 영화 〈그녀〉와 〈에이 아이〉를 통해 다루기로 하고, 이 작품에서는 자율주행과 스마트 팩토리에 대해 살펴보고자 한다. 이 두 가지 소재는 4차 산업혁명의 주요 기술에 속하지만 아직까지 이를 본격적으로 다룬 영화가 없을뿐더러, 부분적이지만 현실성 높게 이 두 가지 소재를 함께 묘사한 영화가 바로 〈아이, 로봇〉이기 때문이다.

자율주행은 세 가지 관점에서 사회적으로 깊이 생각할 거리를 준

그림 2-9 영화 〈아이, 로봇〉에서 주인공이 타는 자율주행 자동차. 무인으로 운행된다.

다. 여가시간의 확장과 플랫폼 비즈니스, 기술적 제어와 안전사고의 책임, 운송업의 일자리 대체가 그것이다. 영화 초반부에 주인공은 시속 400km가 넘는 차 안에서 책을 읽기도 하고 잠을 자기도 한다. 차 안에서 취미와 업무 등 본격적인 일상생활을 처리할 수 있는 셈이다. 자동차 업계도 이 지점을 주목하는데, 자율주행 기술 자체도 여러 경제적 파급효과를 가져오겠지만 그보다도 차 안에서 즐기게 될 제2의 라이프스타일이 더욱 큰 콘텐츠 시장을 형성할 가능성이 높다. 이는 AI 스피커 시장에서 음원 시장, 주문배달 시장, 오디오북 시장 등과 전략적 제휴 또는 기업 인수·합병이 발생하는 이유와 비슷하다. 예를 들면 현대자동차는 단순히 자동차를 만드는 제조업 회사가 아니라, 하나의 플랫폼 생태계를 구축하여 서드 파티 third party를 거느린 애플 같은 IT 기업이 되는 것이다.

그런데 자율주행 자동차 시장의 기술 성숙도는 아직 미흡한 수준이라, 테슬라나 구글에서 개발한 자율주행 자동차가 사고를 일으키거나 심지어 사람의 목숨을 앗은 사건이 종종 뉴스에 나오기도 한다. 지난 2018년 우버와 볼보가 실험 중인 자율주행 자동차가 미국 애리조나주에서 보행자를 치어 숨지게 한 사건으로 실험이 잠정 중단되었던 사례가 대표적이다. 2020년에 테스트가 재개되긴 했으나 기술적으로 센싱 범위와 제동력을 높이면서 이런 사고 발생 시 책임 소재와 보험의 보장 범위 추가 등 관련 법제도 역시 개선될 필요가 있다. 네이버랩스 등이 연구한 실험 결과에 따르면, 자율주행 자동차를 시승한 소비자는 차 안에 아무리 다양한 디바이스나 놀이거리 등을 배치해도, 이를 통해 여가활동이나 개인적인 볼일을 처리하는 것이 아니라 운전대가 안전하게 돌아가고 있는지를 계속 집중해서 살펴본다고 한다. 아직은 자율주행 기술을 신뢰하기 힘들다는 의미이므로 안전성 여부를 계속 검증할 필요가 있으며 앞으로도 많은 시간이 걸릴 것으로 보인다. 반면 자동차 자체의 기술 외에도 4G 기술로는 실시간적인 제어가 불가능했지만 근래 5G 서비스가 개통된 만큼 제동거리 확보 측면에서는 탄력을 받으리라 생각한다.

일자리 문제도 중요한데, 영화에는 주인공의 자동차 외에도 무인으로 운행되는 트럭이 등장한다. 운전기사가 필요 없는 시대인 것이다. 구글이 개발 중인 무인운전 시스템은 버스와 택시 운전기사, 대리기사 등 운송 관련직을 없애는 데 일조할 것이다. 오호영(2017)에 따르면, 컴퓨터로 대체될 가능성이 높은 직업 1순위로 '운송업'(81.3%)이 꼽혔다. 심지어 영화 〈분노의 질주: 더 익스트림〉(2017)에서는 자율주행에서 한 단계 더 나아가 사이버 테러리스트가 핵무기 서류를 탈취하고자 도심 일대의 무인자동차 수백 대를 해킹해서 좀비처럼 다루는 장면도 등장한다. 운전사 없는 자동차는 이미

현재진행형이며, 그 이후의 보안과 안전에 대한 문제의식의 중요
성까지 엿볼 수 있는 대목이다.

또한 자율주행이 아니더라도 공유경제 시대로 진입할수록, 플랫
폼 기반의 미래 사회로 나아갈수록 운전사라는 직업은 찬밥 대우
를 받을 가능성이 커진다. 이는 국내에서 금지되었거나 설립 시도
가 무산된 우버나 카카오 카풀 같은 비즈니스 모델이 계속 늘어나
는 사실을 보면 알 수 있다. 과거 국내 운송업 공유경제 모델인 '타
다'의 대표가 불법영업 혐의로 검찰로부터 불구속 기소를 당하기도
했는데, 이를 두고 블룸버그 통신(Bloomberg, 2019)은 'K-팝의 나라
한국은 어떻게 혁신에 실패하고 있나'라는 제목으로 우리나라가 공
유경제 스타트업을 막음으로써 혁신성장이 둔화되고 있다는 기사
를 내보내기도 했다. 이는 타다를 편리하게 이용했거나 그간의 택
시 서비스에 불만을 갖고 있던 소비자들의 생각과도 유사한데, 하
나의 사안을 두고 그만큼 찬반이 극명하게 엇갈렸던 것이다. 분명
한 사실은 공유경제 모델은 기존 운송업에 대한 위협이 될뿐더러,
새로운 일자리 창출 역시 파트타임직(플랫폼 노동자)만을 양산하기
때문에 양질의 안정된 일자리와는 거리가 멀다는 것이다. 또한 타
다는 인센티브제를 세분화한 것으로 유명했는데, 예컨대 8시간 이
상 근무하면 1만 원의 추가 수당을 지급하는 등 단순 프리랜서 관

리라고 보기 어려운 정도의 빡빡한 업무관리지침을 적용했다. 물론 이는 자율적인 사항이었으나, 설립 초기와 달리 운전기사의 유급 휴게시간을 없애 운전기사들은 제대로 식사할 시간도 없이 초과근무에 시달려 불만이 가중된 바 있다.

결국 기술개발과 더불어 기존 운송업계의 반발에 어떻게 대응하고 사회적 합의를 이룰 것인가 하는 중대한 과제가 남아 있다. 예컨대 이런 모델은 택시 이용을 감소시킬 수 있는데, 세금을 내고 지자체의 규제를 받는 공공영역에서 근무하는 택시 운전기사의 생계에 부정적 영향을 끼친다는 점이 그러하다. 단적으로 서울시의 개인택시 면허 시세는 한때 1억 원에 거래되기도 했으나 현재는 6천만 원 수준으로 절반 가까이 하락했다. 이는 카카오 카풀에 반대하는 택시 운전기사 분신 사건을 보더라도 매우 민감하고 첨예한 일임을 알 수 있다. 또한 자가용과 운전면허증만 있으면 누구나 플랫폼에 드라이버로 등록할 수 있는 낮은 진입장벽 때문에 운전실력이 아무리 좋아도 언제든 대체 가능한 자원에 불과하다는 점도 미래 직업으로서 운송업을 불투명하게 만든다. 한마디로 미래 사회의 운전사란 기계에 대체되거나 수많은 라이벌의 존재로 경쟁이 치열해서 대우를 받기 힘든 직업이 될 것이다.

따라서 지금의 젊은 세대가 혹시 자동차 관련 일을 하고 싶다면 단기적으로는 자동차의 자율주행 시스템을 개발하는 엔지니어나 프로그래머가 유망할 수 있다. 이들은 GPS를 통해 교통정보를 처리하거나 5G를 통해 실시간에 가깝게 명령을 전달하고, 이런 신호전달 체계를 주정차 기능이 포함된 동력과 브레이크 시스템에 전자회로로 제어해서, 각각의 사물과 접촉사고 없이 편안하고 쾌적하며 가장 효율적인 주행을 제공하는 기술을 개발한다. 이때 자동차는 더 이상 이동수단에 국한되지 않고 이동과 휴식, 이동과 업무가 함께 결합된 제3의 공간이 될 것이다. 그렇게 된다면 자율주행에 적합한 자동차의 외관 디자인과 더불어 사용자 특성을 고려한 맞춤형 내관 디자인을 설계하는 디자이너의 역할이 유망해질 수 있다. 차 안

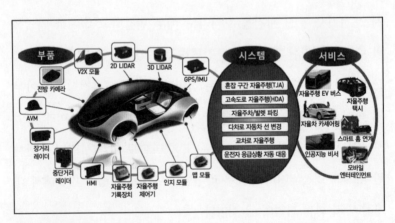

출처: 국가기술표준원(2018).
그림 2-10 자율주행 산업의 요소

에서 사무를 자주 보는 사용자라면 모바일 오피스 형태로 디자인할 수 있고, 화상회의 등 미팅을 자주 하는 사용자라면 회의실 형태로 디자인할 수 있다. 영화나 드라마, 연주회 같은 시청각 콘텐츠의 감상을 원하는 사용자라면 전용 영화관이나 콘서트홀 같은 형태로 디자인할 수도 있다. 장기 이동이 필요한 사용자라면 안락한 숙면을 위한 침대와 마사지 기기를 들일 수 있다. 자동차에 무엇을 결합할지는 소비자의 옵션이 되고, 디자이너는 소비자의 니즈에 맞춰 다양한 컨셉의 제3의 공간을 제공하기 위해 똑같은 자동차라도 다양한 디자인 옵션을 개발할 것이다.

한편 〈분노의 질주〉와 같은 사태를 막고 도난을 방지하기 위한 차원에서 해킹을 막는 사이버 보안 관련 일자리 역시 유망할 것이다. 기존 자동차 산업에서 보완의 개념은 차량 도난을 방지하기 위한 차원의 경고음 발생과 전달에 중점을 두었다. 그러나 자동차 내에서 여러 중요 업무와 개인 일처리를 하면서부터는 자동차가 움직이는 개인 컴퓨터와 같은 존재가 되어 차량 내 주요 정보를 탈취하기 위한 시도가 늘어날 수 있으므로 이에 대한 사이버 보안의 역할이 확대된다. 이 또한 자동차 소프트웨어 측면에 해당하며, 개발자뿐만 아니라 보안 전문가 직종이 중단기적으로 유망하다고 보인다.

영화 〈아이, 로봇〉에서 자율주행과 함께 눈여겨볼 부분은 스마트

그림 2-11 영화 〈아이, 로봇〉에서 범인으로 의심되는 로봇을 쫓아 무인으로 운영되는 로봇 공장에 방문한 주인공

팩토리이다. 주인공은 로봇을 대량 생산하는 무인공장에서 추격전을 벌이는데, 이 공장에는 운영자가 없고 로봇들만 있기 때문에 다소 오싹한 기분이 들기도 한다. 이보다 앞서 스마트 팩토리의 상상도는 영화 〈마이너리티 리포트〉에서도 구체적으로 묘사된 바 있다. 주인공(톰 크루즈)은 스마트 팩토리에서 생산되는 자동차에 누구의 제지도 받지 않고 숨어들 수 있었는데 이 역시 관리자가 없기 때문에 가능한 일이다.

스마트 팩토리는 제조업의 스마트화라고도 하는데, 4차 산업혁명에 따른 포괄적인 일자리 변동을 야기하는 사례로 꼽는다. 스마트 팩토리란 설계 및 개발, 제조 및 유통 등 생산 과정에 디지털 자동화 솔루션이 결합된 ICT를 적용해서 생산성, 품질, 고객 만족도를 향상시키는 지능형 생산공장으로, 공장 내 설비와 기계에 IoT를 설치해서 공정 데이터를 실시간으로 수집하고, 이를 분석해 스스로 제어할 수 있게 만든 미래의 공장이라고 할 수 있다.

스마트 팩토리는 최근 일자리 감소와 생산성 향상의 양면성으로 더욱 이슈가 되고 있으며 단위 사업인 공유경제 모델보다도 더욱 큰 사회적 영향력을 줄 것으로 예상된다. 2018년 한국GM의 군산공장 폐쇄 여파가 아파트와 상가 등 부동산 하락과 지역상권 몰락, 세수 하락, 심지어 인구 유출 등 지역사회의 전반적 상황에 막대한 영향을 미쳤음을 상기해 보자. 물론 과거에 제조업이 생산성 향상을 위해 전산화를 추구하는 과정에서도 소멸과 생성이 존재했다. 기술 숙련자와 비숙련자 사이에 격차가 벌어지기도 했고, 농부들이 사라진 자리에는 경비행기와 트랙터, 스마트팜이 자리했다. 근래에는 스마트폰, 태블릿 PC 등 통합형 기술제품이 출시됨에 따라 컴퓨터 조립 공장들이 사라지고 있다. 이런 기술 중심 성장전략은 아직까지 제조업 기반의 수출주도형 국내 경제모델에서 더욱 민감하게 작용한다. 부진한 내수 시장에 기댈 수 없기 때문에 첨단 기술력으로 글로벌 경쟁우위를 선점하고자 하기 때문이다.

예컨대 2017년 산업통상자원부는 제조업 기반의 국내 중소기업에 약 1,100억 원을 투자해 누적 5,000개의 스마트 공장을 구축하겠다는 계획을 밝힌 바 있다(뉴시스, 2017). 이는 우수 중소기업층이 두터워진다는 측면에서 바람직하다. 실제 스마트 공장으로 체제 전환한 기업들은 생산성이 약 30% 급진적으로 성장하기도 했다(중소기업벤처부, 2019). 그러나 모든 중소기업의 공장 스마트화가 능사가 아니라 업종별로 맞춤형 지원책이 필요하다. 글로벌 경쟁이 심화되는 가운데 스마트 공장 도입은 중소기업에게 필연적인 수순이지만, 추락하는 고용률에 대한 대비책 없이는 일자리 감소와 사회적 양극화를 부추길 우려가 있다.

중소기업뿐만 아니라 저렴한 인건비로 개발도상국에 생산공장을 구축했던 나이키, 아디다스, 애플 등 글로벌 대기업도 마찬가지이다. 규제 완화와 더불어 자동화된 공장을 독일, 미국 등 자사의 본국에 설치하는 이른바 리쇼어링 현상 때문에 전 세계 수백만 명의 공장 노동자들이 점차 일자리를 잃어 가고 있다. 또한 아마존의 거대한 물류센터는 모든 제품마다 위치와 상품정보 태그가 부착되어 이를 기반으로 로봇이 상품 배송을 준비하는 등 무인 시스템이 효율적으로 작동된다. 아직은 실험 단계이지만 배송 단계에서도 드론을 활용하고 있어 사람이 설 곳은 계속 줄고 있다. 빅데이터를 기반

표 2-9 제조업의 스마트화 혁신 실행 대책

4대 추진방향	13대 세부 추진과제
1. 스마트 생산방식 확산	① 스마트 팩토리 보급·확산 ② 8대 스마트 제조기술 개발 ③ 제조업 소프트파워 강화 ④ 생산설비 고도화 투자 촉진
2. 창조경제 대표 신산업 창출	① 스마트 융합제품 조기 가시화 ② 30대 지능형 소재·부품 개발 및 사업화 ③ 민간 R&D 및 실증 투자 촉진
3. 지역 제조업의 스마트 혁신	① 창조경제혁신센터를 통한 제조업 창업 활성화 ② 지역 거점 산업단지의 스마트화 ③ 지역별 특화 스마트 신사업 육성
4. 사업 재편 촉진 및 혁신 기반 조성	① 기업의 자발적 사업 재편 촉진 ② 융합 신제품 규제 시스템 개선 ③ 제조업 혁신을 뒷받침하는 선제적 인력 양성

출처: 관계부처합동(2015), 경기연구원(2016) 재인용.

으로 한 큐레이션 서비스를 통해, 고객이 검색한 상품, 실제 구매 내역, 개인정보 등을 파악해서 곧 구매할 것으로 예측되는 물품을 미리 고객 거주지 근처 집하장에 옮겨 놓고 실제 주문이 들어오면 드론으로 즉각 배송하기도 한다. 신기술이 사람뿐만 아니라 기술까지 잠식하는 4차 산업혁명 시대에서는 결국 어느 한쪽의 장점만을 부각시키는 주장에 선뜻 동의하기 어렵다. 4차 산업혁명 시대 대비의 중요성이 강조되는 이유 역시 불확실한 미래를 대비하지 못하면 더욱 많은 일자리 감소와 그로 인한 사회적 갈등, 경제적 폐해가 일어날 수 있다는 전제가 깔려 있다. 4차 산업혁명은 단순히 로봇과의 경쟁을 걱정하던 시대를 넘어 인간의 삶과 질에 대한 정체성을 묻는 인문학적인 질문으로 우리 삶을 근본적으로 바꾸려고 하기 때문이다.

3장

환경변이사회

드라마 **워킹 데드**: 포스트 아포칼립스와 생존용품 시장
소설 **편혜영의 작품**: 도시재난과 과잉욕망 시장
영화 **쥬라기 공원**: 유전자 조작과 GMO
영화 **설국열차**: 에너지산업과 식용곤충 시장

표 3-1 환경변이사회 관련 작품에서 언급한 직업에 대한 전문가 전망(5점 척도 평균값, n=10)

전망 점수	직업	평균값
	유전자 조작 연구자	4.8
	신재생에너지 전문가	4.7
	수소에너지 전문가	4.6
	유기농 농산물 재배농민	4.5
	곤충음식 개발자	4.4
	복제동물 전문 수의사	4.3
	GMO 식품연구 전문가	4.3
	핵융합 전문가	4.3
5점(매우 높음)	우주여행 전문가	4.3
4점(높음)	곤충음식 마케팅 전문가	4.3
3점(보통)	CG 작업자	4.2
2점(낮음)	유기농 식품 연구자	4.2
1점(매우 낮음)	특수분장사	3.9
	GMO 음식 요리 개발자	3.8
	희귀동물 관리사	3.6
	생존용품 기업가	3.3
	멸종 위기 동물 감시자	3.2
	생존용품 마케팅 전문가	3.1
	생존용품 판매자	2.2

워킹 데드:
포스트 아포칼립스와 생존용품 시장

미국 AMC의 〈워킹 데드〉는 2019년 기준 시즌 10까지 나온 전 세계적 인기 드라마이다. 어느 날 급속도로 퍼진 좀비 바이러스로 사람들은 좀비와의 전투를 비롯한 끊임없는 생존경쟁에 시달리고, 여기에서 펼쳐지는 인간 사회의 권력과 정치 투쟁, 우정, 사랑, 시기, 배신 등을 충격적으로 그리고 있다. 사실 종말론을 담고 있는 포스트 아포칼립스 장르에서 좀비물은 흔한 단골 소재인데, 이런 암울한 세계관이 도래한다면 유망 직업 분야나 새로 배워야 할 기술에 대해 알 필요가 없을 것이다. 현실 사회에서는 영화제작 과정상에서 특수분장이나 3D 프린팅 디자이너(신체 장기나 피부 등의 보형물 제작) 직군이 각광을 받을 가능성이 높지만, 영화 속 풍경처럼 사회붕괴가 일어난다면 우리가 알고 있던 모든 기술과 도구, 법제도와 상식이 허물어지고 당장 하루하루 먹고 살 걱정을 해야 하는 처지로 몰락할 것이기 때문이다.

로버트 커크만의 동명 원작 만화를 TV 드라마로 만든 〈워킹 데드〉는 워커라고 부르는 좀비들의 습격보다 더욱 무서운 것이 인간성을 상실한 짐승 같은 인간들이라는 점을 보여 준다. 바이러스로

출처: https://www.universalstudioshollywood.com/things-to-do/rides-and-attractions/the-walking-dead-attraction

그림 3-1 미국 유니버셜 스튜디오 할리우드의 〈워킹 데드〉 체험 공간에서 좀비로 분장한 배우들이 관람객을 맞이하고 있다. 좀비물과 같은 포스트 아포칼립스 콘텐츠는 현실에서도 다양한 비즈니스 상품을 만들어 낸다. 이런 영화와 테마파크가 흥행할수록 특수분장사와 CG 작업자 역시 일자리가 늘어날 것이다.

부터 살아 남은 사람들은 생존 그룹을 만드는데, 이들은 철저한 이권에 따라 움직인다. 인간의 수가 줄어든 세상에서도 인간 사회를 재건하기 위해 서로를 돕고 단결하는 것이 아니라 권력다툼을 벌이는 아수라 장이 되는 것이다. 이런 다툼에서 비교적 거리를 두거나 서로 협력하는 그룹도 있지만, 다수 그룹은 서로를 끊임 없이 경계하고 빈틈이 보이는 다른 그룹을 차지하기 위해 전쟁도 불사한다. 마치 원시사회에서 인간들이 어떻게 집단을 구성해 나가는지를 보는 듯한데, 이런 부분이 이 작품의 신선한 관전 포인트라고 할 수 있다. 특히 릭을 위주로 한 공동체 연합과 니건 그룹 간의 다툼을 그린 시즌 8은 작품 속 사회재건의 방향성을 보여 준 이야기의 정점에 해당된다.

이런 작품 의도와는 달리 드라마는 시즌 중반부터 갈수록 시청률이 떨어져 한때 7.3%까지 치솟았던 인기가 시즌 9에서는 2% 미만으로 추락했다. 그 이유로는 작품을 둘러싼 상업성이 과도해서 이야기의 진행이 더뎌졌다는 점, 여러 스핀오프를 만들어 원래 시리즈에 대한 관심과 집중을 떨어뜨렸다는 점 등이 꼽힌다. 제작사 AMC의 프랜차이즈 욕심이 작품을 망쳐서 이야기의 본질을 잊어버렸다는 지적이다. 물론 가족 간 유대와 사랑을 통해 이상적 가족관을 보여 주거나 타인을 위한 이타심과 헌신을 통해 따뜻한 공동체관을 나타내기도 했다. 그렇지만 이런 주제의식과 섬세한 관계설정은 좀비물 특유의 화려한 볼거리와 폭력성에 점차 치중하면서 대충 생략되거나 아예 처음부터 지향하지 않았던 것처럼 나타나 시청자들에게 혼란을 유발했다. 〈워킹 데드〉에서 자주 등장했던 "이 모든 게 끝나고 나면 뭐라도 남아야 한다."는 대사에 매우 충실하게도 작품성은 사라졌지만 게임, 피규어, 촬영장 투어패키지 등 온갖 상품이 살아남아 수익을 극대화했다는 데 의의를 두어야 할 것 같다. 이는 〈워킹 데드〉만의 문제라고 보기 어려운데 나름 참신함을 지녔던 다른 좀비물들도 함께 살펴볼 필요가 있다.

좀비물은 예전부터 꾸준히 제작되어 왔다. 고정 매니아층의 수요가 없던 시절 좀비물의 시초격으로 부르는 조지 로메로 감독의 〈살아 있는 시체들의 밤〉(1968)을 비롯해 B급 호러영화에 처음으로 뮤지컬 요소를 도입한 샘 레이미 감독의 〈이블 데드〉(1983) 시리즈, 뛰는 좀비가 등장하기 시작한 것으로 유명한 대니 보일 감독의 〈28일 후〉(2002), 〈살아 있는 시체들의 밤 2: 시체들의 새벽〉(1978)을 현대적으로 리메이크한 잭 스나이더 감독의 〈새벽의 저주Dawn of the Dead〉(2004), 2002년 첫 스타트를 끊고 2016년까지 총 6편의 영화가 나온, 여전사 앨리스(밀라 요보비치)의 활약을 그린 〈레지던트 이블〉 시리즈에 이르기까지 그간 좀비물은 잊을 만하면 되살아나 관객들의 무더위를 잊게 하고 하드코어 요소에 대한 갈증을 적절히 해소해 주는 청량제 역할을 했다.

그러던 것이 지난 2010년 전후로 CG 기술이 발달하고 제작비 규모가 증가하면서 좀비물은 우리나라를 포함해서 전 세계적으로 홍수를 이루었다. 좀비에게 둘러싸인 인류 최후 생존자의 고독과 공포를 묘사한 프란시스 로렌스 감독, 윌 스미스 주연의 〈나는 전설이다〉(2007)를 비롯해서 좀비 떼에 맞서 치료제를 찾기 위해 고군분투하는 마크 포스터 감독, 브래드 피트 주연의 〈월드워Z〉(2013), 좀비

와 인간의 로맨스를 그린 조너선 러빈 감독, 니콜라스 홀트 주연의
〈웜 바디스〉(2013), 관객수 1,150만 명을 기록한 연상호 감독, 공유
주연의 〈부산행〉(2016), 조선시대에 등장한 좀비를 다룬 김성훈 연
출, 주지훈 주연의 넷플릭스 제작 드라마 〈킹덤〉(2019) 시리즈까지
그야말로 좀비 러시가 일어난 것이다.

우선 좀비 러시가 어디에서 비롯되었는지 살펴볼 필요가 있다. 영
화나 드라마는 많은 제작비가 들지만, 그간 좀비물은 B급 장르와 호
러물의 특성상 블록버스터만큼 엄청난 규모의 예산이 필요하지 않
았다. 또한 호러물이 점차 대중화되면서 시기적으로 일반 관객들도
혐오감 없이 볼 수 있을 만큼 시장을 형성했고, 고퀄리티의 그래픽
과 적절한 스토리라인을 갖추고 있어 흥행면에서도 청신호가 켜진
것이다. 따라서 상대적으로 저렴한 제작비에도 불구하고 막대한 수
익을 거두는 매력을 지녀 제작사 입장에서는 본격적으로 좀비물을
쏟아 내게 되었다고 할 수 있다.

일탈로 뒤집어진 세상을 그린 영화로 관객들이 잠시나마 삶의 시
름을 덜 때, 우리가 주목할 부분은 종말 이후의 세계보다는 종말이
라는 위협을 과장되게 부추기는 현실 세계의 생존용품 시장이다.
예컨대 미국에는 냉전시대의 산물인 지하 대피소가 있는 가정이 많
은 편인데 통조림, 발전기, 총, 라디오와 무전기, 석유 등을 주로 보

관한다. 우리나라 역시 북한의 미사일 발사 소식이 있을 때면 마트의 라면, 생수, 쌀 등이 동나곤 한다. 북한이 미사일 실험을 하면 농심의 주가가 오르는 식이다. 물론 해당 기업은 반사이익을 얻은 것에 불과하고 직접적 관련은 없다. 그러나 나머지 생존용품은 일상생활에 그다지 필요 없는 경우가 대부분이다. 인터넷 쇼핑몰에서 생존배낭이나 생존키트가 유행하고, 새총과 쇠구슬이 들어 있는 위험한 사냥용 생존용품도 누구나 구입할 수 있으며, 평범한 해먹이나 주전자에도 '생존' 딱지를 붙이면 더욱 잘 팔린다. 아이들이 먹는 간식에도 영양소가 많은 비상식량이라고 하면 가격이 올라간다.

출처: http://item.gmarket.co.kr/Item?goodscode=971731585

그림 3-2 인터넷 쇼핑몰에서 팔고 있는 보존기간 20년 이상의 비상식량

출처: http://item.gmarket.co.kr/Item?goodsCode=152689026

그림 3-3 일본 후쿠시마 원전 사태와 포항 지진 이후 유행한 1천 원대 가격의 저렴한 비상식량 시리즈

출처: https://korean.alibaba.com/product-detail/65-178mm-flavored-oxygen-cans-with-ce-certifi-cate-60561716910.html

그림 3-4 건강과 학습능력 향상에 도움을 준다고 광고하는 고농도 산소 캔

그뿐만 아니라 아웃도어 시장은 공급 과잉으로 기업들이 생존경쟁에 돌입해 있다. 코로나19 사태 이후 야외 레저활동을 자제하는 분위기가 형성되어 오프라인 매장 매출이 감소하고 있으나 중·고등학생 사이에서 유행하는 롱패딩이 50만 원을 넘는 등 여전히 과소비를 부추긴다. 동네 뒷산을 가더라도 풀세트 장비와 적게는 수십에서 많게는 수백만 원에 이르는 방한 등산복을 입게끔 만들었다. 단순 과시욕도 한몫하고 있으나, 누가 이런 문화를 만들고 강요하는지 살펴볼 일이다. 우리나라는 에베레스트도 없고, 좀비도 출몰하지 않으며, 허리케인이 해마다 찾아오는 지역이 아니기 때문이다. 이런 생존 마케팅은 당장은 전략적으로 보일지라도 일시적 유행에 불과하다. 물론 미국의 경우에는 총기사건으로 불안감이 매우 높은 상태이기 때문에 관련 용품이 급증하고 있다. 이와 관련해서는 다음 절에서 좀 더 자세히 살펴보고자 한다.

편혜영의 작품:
도시재난과 과잉욕망 시장

현대 도시는 의외로 다양한 재난에 노출되어 있다. 오래된 건물을 받아들이지 못하고 항상 새로운 트렌드를 추구하는 주거환경은 경제적 이득 추구와 맞물려 순식간에 빌딩과 아파트를 무너뜨리고 거푸집을 설치한다. 멀쩡하게 길을 가던 행인을 덮치는 신축 공사현장의 붕괴사고나 안전망을 설치하지 않아 공사장에서 추락한 인부의 소식, 압축 공정과 규격 미달로 날림공사를 하는 바람에 천장에서 비가 새고 곰팡이가 핀 신규 아파트 등이 그러하다. 거리가 깨끗해지고 홍수가 범람하지 않는다고 재앙이 사라진 것이 아니라 도시화에 따라 재앙의 종류가 달라진 것이라고 할 수 있다. 그렇다고 벌레나 분뇨 냄새, 열악한 인프라를 견디며 시골로 갈 수도 없는 노릇이다. 어떤 의미에서 현대인은 도시라는 섬에 갇혀 있기도 하다.

편혜영의 작품에서 일관된 비판의식이 보이는 지점이기도 하다. 특히 홍콩 사스를 모티프로 하는 단편 〈아오이가든〉에서는 전염병이 퍼진 도심 내 아파트에서 서로를 믿지 못하는 주민들이 아파트에 스스로 감금된 채, 정부의 부족한 지원 물품과 거짓 약속에 속아 점점 반反이성적 존재가 된다. 인권 침해와 극한 상황 속에서 드러나는 인간의 본성, 그리고 이를 악용하고 방치하는 공권력에 대해 심도 깊은 고민을 던진다. 우리나라 역시 조류독감, 구제역, 메르스, 코로나19 등 비슷한 홍역을 치른 적이 많기 때문에 비현실적이라 여기면서도 한편으로는 낯설지 않게 감정이입을 할 수 있다. 이런 면에서 편혜영의 작품은 좀비들이 판을 치는 〈워킹 데드〉의 세상보다 더욱 현실성 있는 세계관이라 할 수 있다.

질병이 발생하면 관련 용품이 불티나게 팔린다. 그녀의 또 다른 단편 〈블랙아웃〉의 주인공이 전쟁의 위기를 자꾸만 부풀려서 일상생활에서 쓸 일이 전혀 없으면서 가격은 엄청나게 비싼 안전 벙커를 부자들에게 판매하는 것처럼, 특수한 안전용품 시장의 형성이 가능해진다. 1%의 상류층을 대상으로 공포를 무기로 사기를 치는 셈이다. 바이러스가 확산되면 마스크, 손세정제, 구강청결제 등이 불티나게 팔리고, 일기예보에 미세먼지 뉴스가 나오기 시작하면 마스크 생산업체의 주가가 오르는 식이다. 시민들의 불안감이 커지면서 위생용품 시장이 점진적으로 확대되고 있다.

편혜영의 또 다른 단편 〈토끼의 묘〉, 〈통조림 공장〉을 보자. 〈토끼의 묘〉에서 주인공은 지방도시로 파견근무를 나간다. 새로운 곳에서 그다지 생산적이지도 않은 반복적 업무를 맡은 그는 인근 공원에 유기된 토끼들처럼 자신 또한 회사에서 쉽게 버려질 것이란 사실을 깨닫는다. 심지어 회사에 나가지 않아도 자신을 찾는 사람이 없다는 걸 알게 된다. 그는 선배가 그랬던 것처럼 자신의 집을 찾아온 후배를 모른 척한다. 불필요한 교류로 느껴지기 때문이다. 〈통조림 공장〉은 〈토끼이 묘〉외 내용과 배경이 다르지만 주제의식 측면에서 결을 같이한다. 어느 통조림 공장에서 오랫동안 일해 온 공장장은 아내와 아이를 해외에 보내고 계속 뒷바라지를 해 왔지만 자신의 인생에 남은 것은 반찬과 안주로 먹을 꽁치 통조림 몇 캔에 불과하다는 사실을 깨닫는다. 직원들은 성실했지만 한편으론 조직에서 살아남기 위해 비열했던 그를 비난하고, 어느 날 갑자기 실종되어도 모른 척한다. 사라진 공장장의 뒤를 이어 진급하게 된 '박씨'는 사람들이 싫어하는 전임자의 운명을 밟지 않기로 하지만 그것은 공장의 톱니바퀴가 되기로 한 순간부터 불가능한 목표였다. 통조림 속에 전임자의 유품을 담은 모습은 공장 속 인간의 기계화를 비유적으로 드러낸다.

자본주의와 물질만능주의로 인간의 가치를 물질로 환산하는 사회에서는 안전한 직업이나 평생 직장이란 있을 수 없다. 모든 일자리가 유동적이고 임시적이며 어느 날 갑자기 내 자리가 다른 사람으로 대체되어도 큰 무리 없이 돌아간다. 자동화를 통해 기계가 훨씬 더 많은 일을 처리하기 때문에 사람은 더 이상 노동이 아닌 소비와 향락을 위한 존재로서 새로운 인간적 가치를 발견할지 모른다. 우리가 알던 인간성이 상실된 사회에서 과잉욕망의 추구와 충족은 새로운 인간성을 향한 표출로 이어진다. 이는 4장에서 살펴볼 제러미 리프킨이 《한계비용 제로 사회》에서 밝힌 맥락과 맞닿아 있으며, 옳고 그름의 문제가 아니라 패러다임의 전환을 의미한다. 노동의 가치를 상실한 시대에서는 이전보다 물건을 만드는 제조 비용이 거의 들지 않으므로 어떻게 판매하는지와 어떻게 소비하는지가 더 중요해진다. 마케팅 전문가는 예나 지금이나 기업과 소비자를 잇는 가교역할을 해 왔지만 앞으로는 우리에게 필요한 물건을 알려 주는 역할로 그치지 않을 것이다. 미래 사회에서는 봉이 김선달처럼 우리에게 꼭 필요하지 않고 사지 않아도 될 물건을 욕망이라는 새로운 패러다임을 내걸고 더 많이 홍보해서 판매시장을 개척할지도 모른다.

쥬라기 공원:
유전자 조작과 GMO

1993년 스티븐 스필버그의 영화로 유명해진 〈쥬라기 공원〉 시리즈는 1990년에 출간된 마이클 크라이튼의 동명 소설을 원작으로 하고 있다. 이 작품은 인간의 욕망을 위해 복원된 공룡이 인간의 통제를 벗어나 인간을 위협하는 모습을 그리고 있다. 이때 중요하게 등장하는 키워드가 유전자 조작이다. 공룡을 단지 복원하는 것에 그치지 않고, 인위적 개체 조절을 위해 성별을 조작하거나 화려한 볼거리를 위해 이종교배를 통해 더욱 흉폭한 형질의 공룡을 만들어 낸다. 또한 이 작품은 시리즈가 거듭될수록 스케일이 커지고, 배경 역시 지엽적인 장소인 일부 섬에서 도시까지 공룡이 진출해서 해를 끼치는 장면이 나온다. 어쩌면 지구촌 생태계 전체에 커다란 환경 변화를 몰고 올지도 모르는 유전자 조작이 일개 기업의 비즈니스를 위해 아무런 제재 없이 실현되는 셈이다.

또한 유전자 조작은 열성인자를 제거하고 우성인자를 강화해서 신인류를 탄생시키고자 했던 나치사상을 떠올리게 한다는 측면에서 윤리적 문제를 함께 제기한다. 2018년 중국 남방과기대에서 유전자 가위CRISPR - Cas9 기술을 통해 유전자가 편집·교정된 아기가 태어났고 이로 인해 여러 논란을 낳으면서 법제도의 미비점 등 문제가 불거진 사례가 있다. 이는 결국 유전자 조작이 그 자체로는 과학적 진보이자 무궁한 가능성을 지닌 업적임에도 망상에 빠진 민족주의나 일부 과도한 자본주의 기업이 악용하면 돌이킬 수 없는 재앙으로 다가올 수 있음을 암시한다. 영화는 영화 그 자체로 볼 필요도 있지만, 다른 면에서는 최근 기술발달 양상과 폐해를 굉장히 현실성 있게 묘사한다는 측면에서 유전자 조작은 멀지 않은 가까운 미래 사회의 판도라 상자라고 할 수 있다. 물론 편견 없는 눈으로 보았을 때 직업적 관점에서는 매우 전도유망한 분야이기도 하다. 그만큼 비즈니스가 되기 때문이다. 예컨대 GMOGenetically Modified Organism 분야를 생각해 보면 이해가 빠르다. 옥수수와 같은 농산물의 유전자 변형은 인간이나 영장류를 직간접적으로 실험하는 연구보다는 윤리적 문제에서 상대적으로 자유롭다. 물론 이런 식품들이 궁극적으로 생태계와 인간에게 어떤 영향을 끼칠 것인지는 매우 지대한 관심사이지만, GMO는 인간의 직접 섭취 식품 이외에도 경제성은 낮지만 화석연료를 대체하거나 소나 돼지 등 축산가의 저렴한 사료로 사용 가능하다. 사실 GMO의 윤리적 허용에 대한 보다 정확한 이유로는 이런 효과가 있기 때문이 아니라 연구개발 역사가 짧아서 아직은 인간에게 어떤 영향을 끼칠 것인지 명확히 밝혀진 근거가 없기 때문에 제재를 가하기가 모호한 상황이라고 보아야 할 것이다.

여러 논란에도 불구하고 직업적 관점에서는 유전자 조작 분야가 매우 긍정적이라 할 수 있으며, 특히 인간의 건강증진을 위한 동물 및 식물 연구는 무궁무진한 가치로 인해 종종 발생하는 윤리적 논란에도 불구하고 계속 발달할 것으로 보인다. 일례로 GMO 식품의 부작용에 대한 근거가 부족한 상황에서는 이런 식품이 기업에게 가져다 줄 이윤 확대라는 명확한 목표가 시장을 점령하게 된다. 이것이 가장 큰 GMO 개발의 원동력이다. GMO 식품군은 연료 시장과 사료 시장은 물론, 농사가 척박하거나 식량 부족에 시달리는 개발도상국에서 질병에 강한 우수 품종, 저가의 원재료, 가공식품으로 신시장을 개척할 수 있는 기회를 창출하기 때문에 기업 입장에서는 강력한 원가절감과 시장확대 효과를 놓칠 수 없다. 여러 사회적 논란이 있지만 쓰임새가 많은 유망 직업군이라 할 수 있다. 이미 카길, 몬산토와 같은 다국적 곡물 회사들은 GMO를 통해 가격을 무기로 기존 시장을 파괴하고 전 세계 곡물유통량을 인위적으로 조절하고 있기도 하다.

한편 유전자 조작으로 탄생할 동물이나 식품 등을 케어하거나 응용할 수 있는 직업군도 필요하다. 예컨대 복제동물 전문 수의사를 비롯해서 멸종 위기에서 복제된 희귀 동물을 관찰하고 보호할 관리사나 조련사 또한 필요하다. 그리고 이렇게 탄생한 동물은 그 가치가 희소할수록 영화에서처럼 테마파크에 이용되거나 비싼 가격에 불법 거래될 가능성이 크다. 지금도 따뜻하고 부드러운 재질의 모피는 동물단체의 반대에도 불구하고 여전히 비싸게 잘 팔리고 있다. 특별한 효능을 가졌다고 여겨지며 인간의 몸에 좋다고 소문난 천산갑의 비늘, 코뿔소의 코, 물개의 성기(해구신) 등도 마찬가지이다. 이 동물들이 겪은 수난을 복제동물이 그대로 재연할 것이 분명하다. 따라서 합법적인 운영시설이라면 이를 서비스 관리할 인력이, 불법적인 유통거래라면 이를 관리 감독할 인력이 필요하다.

식품 역시 GMO 식품을 전문적으로 연구하는 식약처 연구원이나 이를 미각적으로 개발할 요리사도 필요하다. 지금 시점에서는 GMO가 국민적 거부감이 크지만, 인증제도(GMO의 단계별 표시 마크)가 꼼꼼하게 정착되거나 안전성이 입증된다면 가격면에서 보았을 때 큰 매력이 있기 때문이다. 그러므로 유전자 조작 기술 그 자체도 유망한 분야이지만, 이를 장기 추적조사해서 인간에 대한 영향력을 입증할 연구 역시 중요하다고 할 수 있다. 이는 완전히 분리된 분야로 개별 발달하는 것이 아니라 융합된 형태로 상호보완의 성격을 띠고 동반 발전할 것으로 보인다.

한편 GMO 식품의 대안으로 유기농 시장도 함께 확대될 것으로 보인다. 아직 GMO 영향에 대한 연구결과가 명확하지 않은 상황에서 표시제 역시 한계점을 보이는데, 고도의 정제과정을 거쳐 최종적으로 유전자 변형 표시가 남지 않은 식품에 대해서는 GMO 표시 의무가 없기 때문이다. 또한 몇몇 연구에 따르면 GMO 농산물은 해충과 잡초에 강한 내성을 조작한 만큼 슈퍼 잡초나 슈퍼 박테리아와 같은 해로운 요소도 함께 탄생시키며, 유기농으로 키운 것과 결과적으로 재배기간에서 큰 차이가 없다고 한다(한국바이오안전성정보센터, 2008). 이들의 주장은 음식의 부족보다는 결국 생산된 음

표 3–2 GMO 표시제의 한계점

국내외 GMO 표시제도 비교	한국	미국	EU	중국
표시기준	가공 후 유전자 변형 DNA, 단백질이 남아 있는 식품에만 표시 (대부분의 가공식품에 표시하지 않고 있음)	기존 식품에 비해 영양성, 알레르기성 등이 현저하게 차이나는 경우만 표시	유전자 변형 DNA 또는 외래 단백질 잔류 여부 관계없이 표시	유전자 변형 DNA 또는 외래 단백질 잔류 여부 관계없이 표시
표시대상식품	승인된 GMO 5종(콩, 옥수수, 면화, 유채, 사탕무)과 이를 원재료로 사용한 가공식품 *식용유, 간장 등 표시 제외	승인된 GM 고올레인산 대두 및 그 대두유	승인된 GMO 6종(콩, 옥수수, 유채, 면화, 사탕무, 감자)과 이를 원재료로 사용한 모든 식품 *GM 사료를 먹인 가축의 생산물(육류, 우유, 달걀 등)은 표시 제외	승인된 GMO 5종(콩, 옥수수, 면화, 유채, 토마토)과 이를 원재료로 사용한 17개 가공식품
비의도적 허용 혼입치	3%	인정하지 않음.	0.9%	인정하지 않음.

출처: 한살림(2016).

식의 1/3이 버려지는 범지구적 문제로 귀착된다. 그런데 이와 같은 문제는 자본주의 논리와 밀착되어 있고 다국적 기업의 목표와 전략을 넘어설 수도 없을뿐더러 GMO의 긍정적 효과 역시 아예 부정할 수는 없으므로 현실적인 대안으로 GMO 식품에 대한 완전 표시제를 실시하라는 것이다. 이렇게 되면 GMO를 선택하지 않은 소비자들은 자연스럽게 다소 비싸더라도 유기농 시장으로 발길을 옮길 가능성이 크기 때문에 GMO와 유기농은 이율배반적 관계이면서도 함께 클 수 있는 구조가 형성된다. 따라서 올바른 유기농 제품의 선별과 GMO를 배제하는 조언을 주는 전문가, 유기농 농산물의 비인위적 재배 확대를 위한 농민과 연구자 등이 유망 직업으로 떠오를 것이다.

설국열차:
에너지산업과 식용곤충 시장

우리에게 〈캡틴 아메리카〉로 유명한 크리스 에번스가 주연을 맡고, 한강을 쑥대밭으로 만든 〈괴물〉을 연출한 봉준호 감독의 〈설국열차〉(2013)는 프랑스의 뱅자맹 르그랑·장마르크 로셰트의 만화 〈르 트랑스페르스네주〉(1984)를 원작으로 만든 영화이다. 제2의 빙하기에 눈 속을 달리는 기차와 그 안의 계급사회라는 설정 정도만을 빼놓고 나머지 내용면에서는 상당한 각색이 이뤄졌는데, 이 영화는 심오한 철학적 주제와 어두운 분위기로 자칫 놓칠 수 있지만, 미래 사회를 예측할 수 있는 각종 볼거리도 상당한 편이다.

처음 이 영화가 개봉된 후 반응은 다양했다. 인공냉각제로 인해 지구에 빙하기가 다시금 온다는 설정이 지구온난화 문제를 떠올리게 한다는 점, 한정된 자원에서 아등바등 살아가는 현대인의 모습과 폐쇄적 자원으로 생태계를 이룬 열차 안의 모습이 오버랩된다는 점, 그 작은 열차 안에 상류층을 위한 수영장, 파티룸 등을 넣었으면서도 정작 꼬리칸에는 빈민촌을 만들어 일절 교류도 없이 변변한 지원도 해 주지 않았다는 점에서 미래에도 여전할 계급사회를 비꼬았다는 점 등등 많은 의견과 해석이 쏟아졌다.

계급사회에 초점을 맞추면 5장 '지배와 저항사회'에 이 영화를 포함해야 하지만, 여기서는 다른 측면에서 조명해 본다. 그중 하나로 무한동력을 들 수 있다. 그간 무한동력은 물리적으로 불가능하다고

그림 3-5 영화 〈설국열차〉에서 무한동력 기관으로 신성시되며 설국열차의 가장 핵심장치인 엔진을 통제하는 지배자

여겨졌으나 한편으로는 연금술만큼이나 많은 과학자와 대중의 호기심을 자극하고 연구 의욕을 불러일으킨 분야였다. 대표적으로 레오나르도 다빈치의 영구기관 연구를 꼽을 수 있다. 주호민 작가의 웹툰 〈무한동력〉(2008) 역시 무한동력이 과연 현실에서 가능한 것인지 평범한 소시민을 내세워 탐색하는 모습을 보여 주었다. 성공 사례가 없다는 것이 단점이지만 세계 각국에서 특허출원이 계속되는 것을 보면, 무한동력이 미래 사회를 지속 가능하게 만들 핵심기술로 중요하다고 인식하는 듯하다. 영화에서는 악인이자 엔지니어인 윌포드가 개발한 엔진이 열차에 에너지를 공급하고 무한히 궤도를 달릴 수 있게 만드는 핵심장치로 묘사된다. 엔진이 그간 어떻게 작동했을지 궁금증이 생길 법한데, 영화 말미에 보면 신성시했던 엔진이 사실은 영원하지 않다는 점이 밝혀진다. 무한동력을 가능하게 하는 방법으로 유추해 볼 수 있는 것은 핵융합, 태양열, 무선전기충전, 그리고 자기부상열차 정도이다.

우선 핵융합은 가장 현실성이 높아 보인다. 실제로 전문가들은 핵융합을 적용한다면 이론상으로는 외부의 에너지 공급 없이 자체적으로 20~30년을 버틸 수 있다고 본다. 설국열차는 17년째 달리고 있으므로 아직 기간이 남아 있는 셈이다. 다만 이 경우, 비좁은 열차 안에서 위험한 폐기물을 어떻게 처리했을지 궁금증이 든다. 그리고 태양열은 에너지 효율이 낮고 눈보라에 따른 기상악화로 실제 공급받을 수 있는 에너지는 소량일 것으로 보인다. 또 무선전기 충전 역시 지상에 멀쩡한 시설이 존재하는 경우를 전제로 하기 때문에, 지구상에 살아 있는 생명이 없을 정도로 추운 기온 속에 전기 공급시설과 담당인력은 없을 것으로 보인다. 오히려 최근 주목받고 있는 수소자동차처럼 수소연료를 기본으로 에너지를 확보했다고 보는 편이 보다 현실성이 높다. 아직은 화석연료의 고도 정제과정을 통해 수소를 얻는 것이 보편적이지만, 향후 기술이 발달해서 생산 단가가 낮아지는 수준에 이르면 전기분해를 통해 물에서 수소를 분리하는 형태가 일반화될 수 있기 때문이다. 무엇보다 주변이 모두 빙하라는 점에서 물을 구하기가 어렵진 않았을 것이다. 아울러 촉매반응 후의 물을 열차 구성원들이 재활용할 수도 있기에 선순환적 열차 생태계에도 더욱 부합된다. 마지막으로 자기부상열차는 기술적으로 현 시점에도 상용화가 곧 가능한 개발 단계이며 도체의 저항이 제로가 되는 초전도 현상을 이끌어 낼 수 있는 극한 추위가 배경이라는 점에서 나름 현실성은 있다. 하지만 이 또한 상대적으로 에너지를 덜 소비할 뿐이고 무한동력은 아니라는 점과 영화 자체에서도 열차가 낡고 위험한 계곡의 레일을 달릴 때 잠시 탈선하는 바퀴를 보여 줌으로써 자기부상열차가 아니라는 점을 확인할 수 있다.

열차가 어떤 에너지 원리로 달렸는지 정답은 없지만 각각의 기술 분야는 미래 사회를 대표하는 에너지원이자 모두 장단점이 뚜렷하다. 여기서는 미래에 각광받을 에너지산업의 관점에서 핵융합과 신재생에너지를 비교해 보고자 한다.

핵융합의 경우, 우리나라는 세계적으로 우수한 핵발전 플랜트 기술을 갖고 있으나 지난 2011년 발생한 후쿠시마 핵발전소 사고 이후 탈핵의 기치가 더욱 확산되는 추세이다. 지난 2017년에는 양산시에 건설될 핵발전 단지(신고리 5·6호기)를 공론화 위원회를 구성해서 사회적 합의를 통해 현행 건설 단지는 용인하되, 신규 건설은 중단하라는 단계적 폐기를 결정한 바 있다. 프랑스, 독일 등 선진국도 핵에너지를 폐기 또는 연장함으로써 신규 건설에 회의적으로 변했다. 현재 미국이나 유럽, 중국 등은 풍력, 태양열 등 친환경 신재생에너지에 집중하고 있다. 그러나 수송·보관이 용이하고, 전 세계 어느 곳에나 부존하는 자원이며, 이산화탄소 배출량이 적다는 장점이 있어 개발도상국에서는 핵에너지가 여전히 현실적인 에너지로 각광받고 있다. 마땅한 대체 에너지가 없는 점을 들어 러시아, 인도 등 신흥 국가 역시 추가로 핵발전소를 지을 계획이다.

아울러 인구밀도가 낮고 지진 등의 자연재해도 거의 없으며 사람이 살지 않는 광활한 사막에 핵발전소를 싯고자 하는 중동국가들도 국내 핵발전 기술과 수출에 관심을 보이고 있다. 화석연료 이후 시대의 경제적 패권을 대비한다면 중동지역의 이와 같은 행보는 충분히 납득할 수 있으며, 국내 관련 분야 역시 급작스럽게 사라질 일자리는 아니라고 보인다. 한국수출입은행이나 에너지경제연구원 같은 국책기관들은 세계 핵발전소 수요가 여전히 그리고 꾸준히 증가할 것이라고 전망한다. 여기에 추가로 지구 외의 행성이나 정거장에 장기 거주하는 프로젝트나 스페이스 X의 첫 유인 캡슐 크루 드래곤 같은 우주여행 비즈니스 모델 등이 점차 현실화되는 가운데 핵융합은 여전히 매력적인 대안이기도 하다. 우주라는 미지의 환경 속에서 어떠한 돌발변수가 발생할지 모르는 가운데, 핵융합은 특별한 경우를 제외하고는 안정적인 에너지자원으로 충분히 검증되었기 때문이다. 따라서 핵융합은 위험성과 장기적인 관리의 어려움에도 불구하고 많은 국가와 우주산업에서 대체하기 어려운 에너지 자원이므로 관련 일자리 역시 계속 유망할 것이다.

신재생에너지의 경우, 관련 세계 시장은 2020년에는 8,000억~1조 달러 규모로 성장할 것으로 예측되고 있다(에너지경제연구원, 2017). 신재생에너지 분야를 선점하기 위해 새로운 지원과 분류체계를 마련할 필요가 있는 가운데, 이미 각국 정부는 2008년 글로벌 경제위기 이후 신재생에너지산업을 기존의 온실가스 감축 효과뿐만 아니라 일자리 창출, 경제 회복 핵심수단으로 간주해서 각종 수요와 공급 지원책을 동원하고 있다. 태양광은 수요가 풍부했던 이탈리아에서 지난해 정부 보조금이 폐지되면서 유럽 중심에서 점차 비유럽 중심으로 이동하는 추세이며, 미국과 아시아 국가들이 적극적으로 가세하고 있다. 이 중 인도는 풍부한 일사량을 갖추고 있지만 선진국에 비해 태양광 산업규모와 기술이 부족해서, 자국 정부의 발전설비 국산화 정책으로 해외 기업과 선진 기술 제휴 및 태양광기업 공동 설립을 적극 추진할 것으로 예상된다. 풍력의 경우, 풍부한 자원과 안정적 발전으로 해상풍력시장의 점진적 성장이 예상되며, 정부의 지원과 지리적 이점을 살린 영국이 시장 주도권을 확보 중인 가운데 미국, 중국 등이 해상풍력시장에 뛰어들고 있다. 바이오에너지는 국제적인 온실가스 감축 노력 등으로 바이오디젤 산업 등이 가속화될 전망이며, 2022년에는 전 세계적으로 약 2,172억 달러의 시장 규모를 형성할 것으로 보인다(TechNavio, 2018). 연료전지의 경우, 수소를 이용하는 청정에너지로 화석연료의 고갈과 환경적 이슈의 부각에 따라 중요성이 점차 강조되고 있으며, 자동차 산업과 맞물려 수소자동차 등 관련 연구·개발이 병행되고 있다.

에너지는 많은 국가에서 대체로 공공재로 인식해서 국민의 기본 생활권을 위해 낮은 단가의 공공서비스로 공급하기 때문에 글로벌 시장가치가 낮게 평가되는 경우가 많다. 국내 에너지산업 역시 천연자원이 부족해서 자국 내 전력 수요를 충족시키는 것을 최우선 과제로 삼아 왔다. 이로 인해 수출 규모가 크지 않고 석유 등 천연자원을 가공수출·역수출하거나 핵발전소 설비의 기술이전 등에 연구·개발이 집중되었다. 그러나 대규모의 현금 흐름과 금융, 인적·물적 재원의 동원을 수반하는 에너지산업은 각국 정부에서 국가발전 전략으로 주안점을 두는 분야이다. 예컨대 에너지산업은 단일산업 중 글로벌 경제에서 은행산업 다음으로 가장 높은 비중을 나타낸다. 또한 에너지 안보와 신성장 동력을 확보하기 위한 측면에서

그림 3-6 영화 〈설국열차〉에서 바퀴벌레를 분쇄한 후 가공을 거쳐 양갱 형태로 출력되는 단백질 블록

도 에너지산업은 매우 중요하다.

에너지에 이어 이 영화에서 또 하나 주목할 부분은 식량자원이다. 영화에서는 수족관, 횟집, 식물공장 등이 나온다. 이는 영양학적 불균형을 해소하기 위한 것으로, 실제 수많은 사람들의 기본 식량으로 하기에는 생산이 비효율적이어서 원활하게 공급하기 어려운 측면이 있다. 이보다는 많은 관객들이 비위가 상하기도 했던 문제의 단백질 블록protein block을 만드는 장면에 미래 사회의 먹을거리에 대한 힌트가 있다.

곤충 소비는 그리 낯선 문화가 아니다. 번데기, 메뚜기 등은 먹을거리가 풍부해진 지금 혐오식품 취급을 받지만 예전에는 고소함과 더불어 굶주린 배를 채워 주는 귀한 단백질 간식거리였다. 곤충 소비는 성경에도 언급되어 있으며 전 세계적으로 약 2,000종가량의 곤충을 먹고 있다. 우리나라 외에도 중국, 일본, 동남아 국가에서는 여전히 별미이자 길거리 간식으로 즐겨 먹는다. 예컨대 베트남의 경우 매미를 잡아 기름에 볶아 먹기도 하는데, 부족한 단백질을 보충할 수단으로 요긴하게 활용된다. 물론 식용곤충 시장이 체계적이고 조직적인 대량생산과 유통과정을 거쳐 형성된 시장은 아니다. 그때그때 필요에 따라 개인이 채집해서 길거리 음식 정도로 파는 것이 그간의 시장이라고 할 수 있다. 하지만 기존 축산산업의 환경

오염과 윤리성의 문제, GMO에 따른 농산물 생태계 교란, 점차 심각해지는 국가 간의 부익부 빈익빈 식량자원 균형, 기아퇴치 문제 등이 중첩되면서 일종의 대안으로 곤충 소비가 최근 부상하고 있다. 이런 대안론은 곤충 소비를 친환경적이고 지속 가능한 식량자원으로 바라보는 유엔 식량농업기구와 같은 국제적 기구의 시각에서도 잘 드러난다. 예컨대 "식용곤충은 낭비되는 사료가 없이 이용률이 높고, 가축보다 온실가스와 암모니아가 적게 방출되며, 물 소비량이나 사육시설의 면적 또한 낮다"는 것이다(FAO, 2013).

이런 배경으로 세계 곤충 시장 역시 함께 성장하고 있다. 김수희 (2017)에 따르면, 세계 곤충 시장 규모는 2016년 기준 약 1억 600만 달러이며, 주요 시장조사 기관에서는 2016~2023년 연평균 성장률을 42%, 시장 규모는 5억 2,200만 달러로 예상했다. 향후 어류, 거북이, 새, 강아지 등 애완동물 관련 시장에서는 메뚜기, 귀뚜라미, 딱정벌레, 동애등에black soldier fly 유충 등을 이용한 사료의 생산과 소비가 증가할 것으로 보인다. 또한 아직은 곤충 그 자체의 형태로 유통되는 방식에 거부감이 있으나 곧 분말이나 코팅 등으로 재가공된 형태의 곤충음식이 시장에 주도적으로 자리 잡을 것이라고 예측했다. 어떻게 보면 이는 당연한 얘기일 수도 있다. 소고기보다 생산단가는 낮고, 시장 출시는 보다 빠르게 할 수 있으며, 영양소는 더

출처: http://www.korea.kr/news/policyNewsView.do?newsId=148804340
그림 3-7 식용곤충으로 만든 초코·월넛·캐러멜 땅콩 쿠키와 유일하게 식용곤충이 보이는 형태의 에너지 바

욱 우수하고 균형 잡혀 있으므로 대중적 편견을 어떻게 바꿔 나가느냐의 문제이다. 또한 곤충음식은 향후 우주 진출 시 하나의 대안이 되는 훌륭한 식량자원이므로, 앞으로 이와 관련한 연구는 계속 중요해질 것이다. 그리고 다양한 형태로 개발하면서 먹기 좋은 식감과 맛을 보장해서 고정관념을 없애는 일 또한 중요하다. 따라서 곤충음식에 대한 패러다임을 사회적으로 전환하기 위한 마케팅 전문가와 곤충음식 개발자, 곤충음식 디자이너 등의 직업이 유망하다고 본다.

표 4-1 인간과 비인간의 공존사회 관련 작품에서 언급한 직업에 대한 전문가 전망
(5점 척도 평균값, n=10)

전망 점수	직업	평균값
5점(매우 높음) 4점(높음) 3점(보통) 2점(낮음) 1점(매우 낮음)	AI 인간형 로봇 개발자	4.8
	AI OS 개발자	4.5
	AI 게임 개발자	4.5
	개인정보 보안 전문가	4.5
	AI 스피커 콘텐츠 개발자	4.3
	AI 저작권 관리자	4.2
	AI 로봇 스타일리스트	4.2
	개인정보 수집가	3.9
	AI 스피커 콘텐츠 성우	3.5

그녀:
1인 가구의 반려자 AI

앞서 3차 산업혁명까지는 제조업을 기반으로 한 새로운 기술가치 창조가 고용시장의 창출로 이어졌으나, 4차 산업혁명에서는 초연결과 생산성 향상 등으로 고용률이 감소하는 부분을 주목할 필요가 있다고 언급했다. 이제까지 산업혁명에서는 각 기술혁명이 일자리 창출로 이어지는 선순환 흐름이 유지됐으나 4차 산업혁명에서는 양상이 달라져 대비가 시급하다는 것이다. 장기적으로는 일자리가 늘어날 것이라고 전망하는 학자들과 달리 영국 옥스퍼드대 교수인 프레이와 오스본 등은 4차 산업혁명에서는 궁극적으로 부정적 효과가 상대적으로 우세할 것이라고 본다(안상희·이민화, 2015). 산업혁명의 단점을 경고한 미국의 경제학자이자 미래학자인 제러미 리프킨Jeremy Rifkin은 《한계비용 제로 사회》에서 IoT는 일자리를 없애는 주범이지만 새로운 일자리를 창출하기도 하는 양면성을 가지며, 중단기적으로는 일자리 수요가 급증하지만 장기적으로는 IoT 인프라가 경제의 상당 부분을 수행하면서 인간은 이 안에서 작은 영향력만을 가질 것이라고 말한 바 있다. 과거 컴퓨터의 등장은 많은 신직업군을 만들어 냈지만, 그로 인해 많은 직업이 사라지기도 했다. 그나마 이런 산업군은 신규 직업과 사라진 직업 간의 수치를 가시적으로 비교할수 있었다. 그런데 컴퓨터를 대체할 AI가 개발되는 현 상황에서는인간이 누구와 경쟁해야 하는지부터 명확하지가 않다. AI를 이용해서 저비용·고효율로 수행할 수 있는 일이 광범위하면서도 급진적으로 늘어나고 있기 때문이다.

호아킨 피닉스 주연의 영화 〈그녀〉(2013)는 근미래 사회 AI의 현실적이고 다양한 활용 사례를 그려 낸 수작이다. 대개 SF 영화는 극단적인 미래를 추구하거나 비현실적인 풍경을 제시해서 압도적인 볼거리를 제공한다. 그러나 이 영화는 주인공과 주인공이 컴퓨터에설치한 OS의 관계를 탐구하는 데 중점을 둔다. 아내와 별거 중인 주인공은 새로운 사람을 만날 필요를 못 느낀다. 깊은 사랑을 했기에상처를 받은 측면도 있지만, 그보다는 사람을 만나는 일에 마음을반쯤 닫아 둔 측면이 강하다. 이는 주말에 친구를 만나거나 가족과시간을 보내는 대신 집에 틀어박혀 AI 게임을 하고, 오프라인 소개팅은 거절하면서도 폰미팅을 시도하는 모습에서 잘 드러난다. 주인공이 일하는 회사는 사랑하는 연인과 가족, 친구에게 아름답고 따뜻한 메시지를 전달하는 곳으로, 여기에서 그는 감동적인 메시지를잘 만들어 일을 잘한다고 칭찬까지 받는다. 하지만 실제로는 그런메시지를 허구적으로 만들어 내는 일에 익숙할 뿐 자신의 인간관계

그림 4-1 영화 〈그녀〉에서 주로 집에 틀어박혀 가상현실 게임을 하며 AI 게임 캐릭터와 대화를 주고받는 주인공

는 돌보지 않는다는 점에서 그가 사람을 만나는 데 익숙하지 않다는 점이 역설적으로 드러난다. 아울러 그가 하는 일 역시 디지털 기기에 많이 의존하고 있어, 전문적인 인간의 능력과 역량을 보여 주기보다는 전형성을 띤 주인공을 통해 전체적으로 미래 사회의 인간상을 왜소하고 초라하게 보이게끔 한다.

　사실 소외와 고립의 사회는 그다지 낯설지 않다. 일본의 히키코모리가 한때 사회적 문제로 조명된 바 있고, 이 현상을 소재로 한 〈김씨표류기〉(2009)와 같은 영화도 나왔다. TV 예능에서도 〈나 혼자 산다〉 같은 1인 가구를 중심으로 하는 프로그램이 강세를 보인다. 또한 온라인을 점령한 각종 SNS, 현대인에게 필수가 된 스마트폰 등 지금의 사회는 얼굴과 얼굴을 맞대며 이야기하기보다는 익명에 기대거나 온라인으로 안부를 주고받는 데 익숙하다. 성우나 아나운서 지망생이 아닌 일반인들도 대화예절이나 커뮤니케이션 기술을 돈을 주고 따로 배워야 할 정도로 우리는 점점 소통을 잊어 가고 있다. 이제는 혼자 먹는 밥, 혼자 부르는 노래가 익숙하다. AI 스피커가 1인 가구 시장에 선풍적 인기를 끄는 것은 우연이 아니다. 물론 아직까지 국내 AI 스피커 대부분은 2~3단계 이상의 심도 깊은 대화를 주고받기 힘들다는 점에서 미완의 과제가 남아 있긴 하다. 반려동물 시장 역시 꾸준히 증가하고 있는 이유도 1인 가구 증가와 무관하지 않다. 유튜브에서 반려동물 콘텐츠가 증가하고 반려동물을 위한 전문 TV 채널이 개설되었다. 아이를 낳지 않고 대신 반려동물을 자식처럼 키우는 딩크족도 증가했다.

이런 측면에서 〈그녀〉는 매우 가까운 미래의 모습을 그려 낸다고 할 수 있다. AI 성능이 나날이 향상되고 IoT 시장에서 연결할 수 있는 사물 목록도 증가하고 있다. 1인 가구의 외로움을 달래 주고 보안과 안전, 업무 향상을 도와줄 수 있는데 이를 마다할 사람은 별로 없을 것이다. 처음 주인공은 호기심에 OS를 접하지만 이후 스스로 학습하면서 나날이 AI가 강화되는 OS에게 폭 빠지고 만다. 이 감정은 사랑일 수도, 또는 존경이나 감탄, 우정일 수도 있다. 중요한 사실은 둘 사이에 다른 무엇이 대체할 수 없는 깊은 관계가 형성되었다고 둘 다 믿는다는 점이다. 이는 인간이 반려동물에게 깊은 사랑을 주고 헌신적인 보살핌을 제공하며 사후에도 슬픔의 눈물을 흘리며 잊지 않겠노라 다짐하는 것과 다르지 않다. 주인공은 OS를 사람처럼 대한다. 그리고 OS 역시 주인공이 자신에게 특별하다고 얘기한다. 한쪽은 사람은커녕 생명체라고 볼 수도 없는 대상인데도 인간 대 인간의 관계와 똑같은 관계가 형성된 셈이다. 애초에 각각의 관계는 너무나 다양하기 때문에 정의 자체를 할 수도 없지만, 우리는 이런 새로운 타입의 커플을 중요하게 살펴볼 필요가 있다. 어쩌면 인간 중심의 인문학이 새롭게 개편되어야 하거나 심지어 인류라는 종족적 특성이 사라질지도 모르기 때문이다. 이것은 과장된 표현일까?

예를 들어 보자. 〈그녀〉에서 주인공은 OS와 플라토닉한 사랑을 나눈다. 심지어 OS는 인간인 주인공의 육체적 특성을 고려해서 대리 사랑을 나눌 수 있는 여성을 주인공에게 보내기도 한다. 이 사건은 서로에게 상처를 안겨 주지만 이를 지켜본 관객들은 우리가 알고 있던 사랑의 정의와 개념을 한층 폭넓게 바라볼 수 있는 시야를 제공받는다. 아카데미 최우수 작품상을 수상한 〈셰이프 오브 워터:

사랑의 모양〉(2017)처럼 이 세상에 사랑의 형태는 다양하기 때문이다. 사랑이 하나의 형태로 온전히 고정되어 있다고 믿는 순간, 우리는 상상력을 제한받고 다양성의 가치가 상실된다. 서로가 다름을 인정하고 나와는 다른 사람이 있으며 이 세상은 각각의 개성이 존중받고 이해받을 수 있는 사회라는 뿌리에서 민주주의가 발전할 수 있다. 따라서 새롭게 융합될 두 종족(인간과 비인간) 간의 사랑은 인간이 이 세상의 중심이라는 지배적 관점에서 벗어날 필요가 있음을 상기시킨다. 다소 비약적으로도 보이는 이 사회는 어딘지 어색하고 아직은 멀게 느껴질 수도 있다. 그러나 영화에서처럼 이미 강한 AI가 IoT와 결합해서 우리의 일상에 파고들고 있으므로 우리가 이들과 어떤 형태의 사랑이나 교감을 나누게 될지는 지켜볼 일이다. 꼭 사랑이 아니더라도 예컨대 영화에서는 주인공이 하는 게임 캐릭터에도 AI가 삽입되어 있는데, 해당 캐릭터는 OS와 재미있는 대화를 나누기도 한다. 집 밖을 나가지 않아도 집 안에 친구가 있는 셈이고, 자그마한 거실에서 가상현실을 통해 거대한 모험을 즐기는 것이다.

영화 〈그녀〉에서 눈여겨볼 직업은 주인공처럼 아날로그적인 감성을 자극하는 콘텐츠 제작자이다. 다만 이 직업은 영화에서 OS가 주인공을 대신해 훌륭한 작업물을 내놓는 장면으로 미루어 언제든지

AI에 대체될 수 있어 위험도가 높다. 심지어 OS는 주인공의 그간 작업물을 모아서 보기 좋게 편집한 뒤 출판사에 의뢰하고 출간계약을 맺게도 만든다. 또 하나는 OS를 완벽히 구동하기 위해서는 사용자의 개인정보를 최대한 밀접하게 연결시켜야 하는데, 개인정보를 수집해서 마케팅 측면에서 활용하거나 반대로 관리·보호하는 직업군이다. 이는 빅데이터의 비식별 개인정보를 통해 마케팅 전략을 수립하는 지금의 PR과 크게 다르지 않다. 다만 사용자 개인의 사생활 정보가 세밀하게 저장된 OS는 기업 입장에서는 매우 매력적인 정보 덩어리이다. 특히 AI는 윤리적 기준이 없으므로 해커로부터 취약점을 공격당하지 않도록 안전하게 방어하는 관리기술직이 매우 중요해질 것이다. 즉, 일부 악덕 기업은 해커가 입수한 데이터를 돈을 주고 사지만, 정상적인 기업은 해커로부터 자사 고객들을 보호하기 위해 정보보안에 투자를 크게 늘릴 것이다.

마지막으로 눈여겨볼 직업은 〈그녀〉의 OS가 만들어 내는 예술작품과 밀접한 연관이 있다. OS는 주인공을 위해 또는 주인공과 행복한 일상의 시간을 보내는 와중에 그림을 그리거나 즉석 작곡을 하고 연주를 들려준다. OS의 편지 쓰기 능력을 보면 시나 소설 또한 무난히 창작 가능할 것으로 보인다. 로봇이 작성한 하이퍼텍스트나 사이버 가수 등의 개념은 그리 새롭진 않다. OS는 보다 정교하게 인간이 감동할 만하고 눈물을 흘릴 만한 아름다운 예술작품을 아무렇지 않게 만들어 낸다. 이 창작품들의 저작권은 누구에게 있을까? 작성자인 OS에게 있을까? 사적 대화를 거듭해서 OS의 지적 수준을 높이고 창작능력을 이끌어 낸 사용자에게 있을까? 아니면 애초 OS를 개발한 기업에 귀속될까? 분명한 사실은 미래 사회에서는 AI를 개발할 때 예술적 감수성 영역을 개발하는 부서가 더욱 활성화되리라는 점이다. 이는 인간과 컴퓨터의 상호작용Human Computer Interaction,

출처: https://www.nextrembrandt.com
그림 4-2 넥스트 렘브란트 프로젝트. 마이크로소프트와 렘브란트 미술관의 협업 프로젝트로 AI가 그린 렘브란트 화풍의 초상화

HCI을 연구하는 학문이 미래에 유망함을 의미한다. 이들은 AI의 인간적 사고방식 개발을 도모하고, 이들이 만든 작품과 저작권을 유통·관리하고 개별 소비자에게 판매·보급된 AI의 상호작용을 모니터링하며 지속적으로 업데이트를 할 것이다. 그렇게 된다면 영화에서처럼 인간과 AI가 서로를 이해하여 반려자로 맞이하고 종족을 초월한 사랑을 나누는 세상이 올지도 모른다.

공각기동대: 인간의 사이보그화와 생체공학

스칼릿 조핸슨이 주연을 맡아 실사판으로 기대를 모았던 영화 〈공각기동대: 고스트 인 더 쉘〉(2017)은 SF 영화계에 많은 영감을 끼친 오시이 마모루 감독의 애니메이션 〈공각기동대〉(1995)를 바탕에 두고 제작되었다. 이 시리즈는 그보다 전에 나온 시로 마사무네의 동명 만화(1989)를 원작으로 하는데, 리메이크된 매체들을 보면 작품의 내용과 배경상 물리적 표현이 매우 어려웠던 부분들이 기술발달과 함께 표현이 가능해진 매체로 이동했음을 알 수 있다. 이 작품을 관통하는 메인 테마는 한마디로 '인간을 무엇으로 정의할 수 있는

가'이다. 철학과 인문학의 기원을 거슬러 올라가야 할 것처럼 보이는 다소 진부한 이 질문에는 사실 굉장히 현실적이고 사회비판적인 날카로운 메시지가 담겨 있다. 이 작품의 배경은 2029년의 근미래로, 인간의 무병장수 욕망과 효율적인 삶을 추구하는 현대 문명의 자본주의가 맞물려 인간의 팔다리와 장기는 물론이고 뇌의 일부까지 기계와 인공지능으로 대체할 수 있다. 사이보그화된 인간은 보통의 인간보다 월등히 뛰어난 신체적 능력을 갖고 음식을 탐하지도 않으며 생리적 욕구에도 둔감해진다. 이런 세상에서 몸을 전혀 개조하지 않은 일반 인간pure은 천연기념물 취급을 받으며 오히려 관

그림 4-3 〈공각기동대〉에서 전뇌화된 인간과 네트워크 간 연결 장면

심을 끌게 된다.

여기에서 인간의 신체적 특징을 상실한 인간을 인간이라고 부를 수 있는지에 대한 의구심이 생긴다. 이들은 전기와 네트워크, AS 기능 없이는 자체적인 삶을 지속할 수 없는 존재이다. 종의 특성이 확연히 달라진 것이다. 이보다 중요한 것은 정신적 특성인데, 이들이 스스로를 인간이라 지칭하는 기준은 자신의 신체가 사이보그화되기 전에 인간으로서 갖고 있던 기억들에 대부분 의존한다. 그런데 인간의 영혼이 담겨져 있다고 믿었던 뇌 영역이 '인형사'라는 해커에게 잠식당하는 사태가 곳곳에서 벌어진다. 이렇게 조종된 인간들은 말 그대로 꼭두각시 인형이 되어 자신이 누구였는지, 무슨 일을 벌였는지 기억하지 못한다. 이들은 자신의 기억이 사라지거나 왜곡되고 조작되어 테러활동에 이용당하고, 공권력에 의해 비참한 죽음을 맞이한다. 이 장면에서 과연 이들이 인간이라는 정체성을 여전히 갖고 있는가 하는 질문은 허황된 사상적 개념이 아니라 현실적이면서 사회적으로도 제법 타당한 문제제기가 된다. 즉, 우리가 정의하는 인간의 신체적·정신적 특성이 제거되는 시대가 온다면 우리는 그때도 스스로를 인간이라고 부를 수 있는지, 그 근거가 무엇인지 생각해 볼 거리를 제공한다.

이와 관련해서 국내에서 큰 인기를 끌었던 베스트셀러《미움받

그림 4-4 〈공각기동대〉의 한 장면. 정보의 바다인 네트워크망에서 우연한 기회에 자체적으로 탄생한 고스트(인형사)가 인간 사회에 망명을 요청하기 위해 공안과에 일부러 붙잡힌 모습

을 용기》(2014)의 바탕을 이루는 알프레드 아들러Alfred Adler(1870~1937)의 심리학에 따르면, 개개인은 생물학적 요인보다는 사회환경적 요인에 따라 성격이 형성될 수 있다. 이런 개인심리학individual psychology은 결국 인간은 주변 인간관계를 어떻게 형성하고 거기에서 받은 상처와 경험을 어떻게 극복하고 정의 내리느냐에 따라 스스로를 더욱 나은 사람으로 만들 수 있다고 본다. 그런데 〈공각기동대〉는 인간적 정의라고 여겨지는 최후의 보루인 '기억'을 리셋하는 모습을 보여 줌으로써 미래 사회에서는 우리가 인간의 정체성을 유지하고 살아갈 여지가 아예 없을지도 모른다는 점을 경고한다. 우리가 치매

라고 부르는 알츠하이머병이 어떤 의미로는 암이나 에이즈보다 더욱 무서운 질병으로 인간에게 내려지는 재앙이라고 말하는 것과 비슷한 맥락이다. 사랑하는 사람과의 기억, 자기 자신에 대한 확신과 추억을 모두 상실한 빈자리는 무엇으로 채울 수 있을까?

이런 사회에서는 기존의 일자리가 많이 사라지고 반대로 신규 일자리가 새롭게 생성될 것이다. 우선 사이보그화되어 월등해진 인간의 신체는 돌봄노동 도우미와 같은 사회복지 계열의 일자리를 위태롭게 할 것이다. 늙는 사람도, 육체적으로 병든 사람도 없는, 그런 의미로는 미완의 유토피아인 미래 사회에서 육체적 노동의 숭고함에도 불구하고 물리적 힘에 의존하는 직업군은 환대받지 못할 가능성이 크다. 또한 인간의 생리적 욕구, 예컨대 음식을 먹을 이유, 종족 보존의 기능, 쾌락과 유희, 잠을 자거나 반대로 잠을 깨야 할 필요성 등이 사라지거나 감소하면서 관련 산업이 대대적 변화를 겪고 함께 동반 축소될 가능성이 크다. 사이보그화된 인간이 퇴근 후 마시는 한 캔의 맥주는 맥주 맛을 지닌 음료라는 데이터와 미각 정보가 입력되는 것일 뿐, 알코올이 체내로 흡수되지 않아 실제로는 취하지 않기 때문이다. 가상이 혼재된 현실에서 진짜 같은 시뮬라크르에 취해 목 넘김의 시원함과 숙취와 같은 증상들은 과거의 향수가 남은 일부 소비자들만 체험하게 될 것이나. 따라서 요리사, 대

그림 4-5 〈공각기동대〉의 한 장면. 주인공은 사이보그라서 물속에서 부유장치가 고장 나면 가라앉아 버릴 위험이 있다. 그럼에도 두려움, 불안, 고독, 희망 등 인간적인 감정을 느낄 수 있고, 수면 위로 떠오를 때 자신이 변화할 수 있을 것 같은 느낌을 받기 때문에 취미로 잠수를 한다.

리운전기사, 숙면산업(침대, 아로마, 음료 등) 등의 개념이 아예 사라질 수도 있다.

반대로 새롭게 탄생할 일자리도 많을 것이다. 의족, 인공관절 등 인간의 신체를 강화하는 기계와의 결합을 연구하는 생체공학Bionics 이 대표적이다. 인간의 모든 신체가 변경되는 사회인 만큼, 각 생체 부분을 기계화하는 전문가가 필요하고 3D 프린팅으로 맞춤형 인공 각막이나 장기 등을 만드는 생명공학자가 필요해진다. 가상현실 콘텐츠 개발자 역시 중요한 한 축을 담당할 것으로 보인다. 인간이 느끼는 주요 감정이 사라진 무미건조한 세상에서 유일한 오락거리는 가상현실을 통한 대리만족이 될 가능성이 높다. 눈을 뜰 때부터 잠들 때까지, 심지어 뇌기능 향상으로 돌고래처럼 좌우 뇌가 반반씩 잠을 자며 24시간 내내 깨어 있는 상태가 유지되면 우리의 삶은 가상현실과 내내 맞닿아 있을 것이다. 광고 시장과 오락거리, 비즈니스 업무가 모두 혼합된 형태로 가상현실에서 해결될 수 있어, 가상현실 세계를 구축하고 콘텐츠를 제공하는 직업은 많은 이들에게 일자리를 제공할 수 있다.

또 하나의 직업 분야로는 네트워크망과 관련된 공권력 부분을 생각해 볼 수 있다. 이런 직업을 가진 주인공은 고도의 해커를 잡기 위해 불법과 적법 사이를 아슬아슬하게 오가는데, 애니메이션처럼 극적 긴장감을 부여하기 위한 장치가 아니더라도 대규모 테러를 막기 위한 수단으로 사이버 보안이 강화될 것이다. 이때 '네트워크의 바다'라고 부르는 광활한 정보망 속에서 해커에 대한 자료를 추적하고 수집하기 위한 서칭 전문가, 주인공 쿠사나기 소령처럼 용의자 고스트에 직접 접속하고 제어할 수 있는 고급 기술자net diver 등은 정보요원으로서 가치가 클 것이다. 또한 정부 규제 아래 완벽히 통솔되는 사회라면 이런 테러가 일어나지 않겠지만, 작품 속 배경처럼 분열된 세계 정부가 개별 이익을 추구하는 사회라면 물리적 테러에 대응할 수 있는 특수 사이보그 테러 진압부대 역시 신설될 수 있다.

물론 아직은 다소 먼 미래의 얘기이고 궁극적으로 이런 사회는 오지 않는 것이 가장 바람직하다.

에이 아이:
반려가족문화

지난 2016년 이세돌 9단을 4:1로 물리친 알파고의 활약을 기억하는 사람들이 많을 것이다. 그 장면을 통해 영화 〈터미네이터〉와 같이 기계종말론을 떠올린 사람도 있고, 한층 다양한 사고로 학습된 인간형 로봇의 등장을 꿈꾼 사람도 있을 것이다. AI는 컴퓨터 시스템의 일종으로 인간과 비슷한 학습과 사고를 할 수 있는 4차 산업의 주요 기술 중 하나이다. 사람의 개입 없이도 사람이 의도한 바를 이루어 주는 에이전트의 개념으로 인간처럼 사고하고, 감지하고, 행동하도록 설계된 일련의 알고리즘 체계로 정의할 수 있다. AI란 용어는 1956년 미국의 컴퓨터 과학자 존 매카시가 다트머스 학회에서 처음 언급했으며, 알파고로 대중에게 화려하게 인식되었지만 이미 아이폰의 'Siri'나 구글의 '어시스턴트' 같은 서비스도 AI의 한 종류로 전 세계 사용자와 함께하고 있다. 그 밖에 무인자동차, 파파고나 구글 번역 같은 자동번역기의 알고리즘, 챗봇, AI 스피커 등 우리가 좋든 싫든 이미 실생활의 많은 부분에 도입되어 인간의 편의를 돕고 있다.

AI의 진화에서 가장 중요한 요소는 '학습learning'이다. '학습'은 어떤 식으로든 특성을 추출해서 분류하는 시스템을 만드는 일련의 과정으로, 학습을 통해 패턴을 인식하고 오류값을 줄여 나가는 과정이 AI의 성능을 좌우한다. AI 기술 확산과 함께 자주 등장하는 연관어는 바로 이런 학습기능을 의미하는 머신러닝machine learning, 딥러닝이 있다. 머신러닝이라는 용어는 1959년 미국의 아서 사무엘이 처음 제기했는데, 이는 특성을 잡아 패턴을 반복적으로 관찰해서 차이점을 알아내는 것이다. 일반적인 머신러닝 프로세스는 학습 단계에서

표 4-2 AI의 종류와 차이

구분	강한 AI로 갈수록	약한 AI로 갈수록
생각	**인간과 같은 사고**Thinking Humanly • 인간과 유사하게 사고하고 의사결정을 내릴 수 있는 시스템 • 인지 모델링 접근 방식	**논리적 사고**Thinking Rationally • 계산 모델을 통해 지각, 추론, 행동 같은 정신적 능력을 갖춘 시스템 • 사고의 법칙 접근 방식
행동	**인간과 같은 행동**Acting Humanly • 인간의 지능이 필요한 어떤 행동을 기계가 따라 할 수 있는 시스템 • 튜링 테스트 접근 방식	**논리적 행동**Acting Rationally • 계산 모델을 통해 지능적 행동을 하는 에이전트 시스템 • 합리적인 에이전트 접근 방식

출처: wiki hash.kr.

주어지는 학습데이터 수집에서 시작해 머신러닝 알고리즘과 머신러닝 모델을 거쳐 이후 결과와 피드백에 이른다. 학습 단계 후 패턴 구분 등을 위한 인식 단계에서의 새로운 데이터인 실제 데이터는 머신러닝 모델 영역에 주입된다.

딥러닝은 같은 머신러닝 영역에 속하지만 이보다 조금 더 복잡한 개념이다. 영국 출신 토론토대 교수인 제프리 힌튼이 2006년 처음 개발한 것으로, 보다 인간에 가까운 사고를 할 수 있는 다층 신경망에서 영감을 얻었다. 제프리 힌튼은 MS가 개발한 AI 음성인식 기술의 오류를 획기적으로 낮추는 데 도움을 주는 등 여러 공로를 쌓았으며, 딥러닝 기술은 이후 안면인식의 정확도 개선이나 단순 문서부터 희곡이나 시, 수필 등 예술작품까지 생산이 가능한 언어지능 분야에도 적용되고 있다. 이렇게 복잡한 기능들은 과거와 달리 병렬 연산에 능한 GPU의 등장으로 벡터를 처리하는 연산속도가 빨라지면서 가능해졌다. 딥러닝의 기본 프로세스는 알고리즘상에서 각 층마다 자율학습기법의 선행학습을 별도로 시킨 후 이를 층층이 쌓아 통합 훈련을 통해 미세 조정하는 방식이며, 적은 데이터로도 학습이 가능하다는 장점이 있다. 다만 최신 트렌드 기술 역시 아직까지 인간과 AI 간 지적 대화를 완벽히 구현하기에는 부족함이 많아서 갈 길이 멀다.

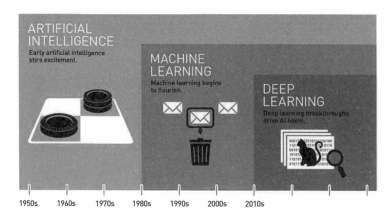

출처: 김병희·장병탁(2017).

그림 4-6 AI 기술의 역사

    그럼에도 AI 기술과 이를 탑재한 로봇은 영화와 드라마 속에서 자주 등장하는 단골 소재이다. 그 이유는 인간형 AI 로봇을 보면 알 수 있다. 스티븐 스필버그 감독, 할리 조엘 오스먼트·주드 로 주연의 영화 〈에이 아이A.I.〉(2001)는 동화 같은 스토리와 환상적인 색채로 평단과 관객의 높은 호응을 얻어 낸 작품이다. 이 작품은 AI 로봇이 인간 사회에 일상적으로 자리 잡은 미래를 그리는데, 주인공인 AI 로봇 오스먼트는 자신을 만든 회사의 개발자 가정에 입양된다. 개발자는 불치병으로 오랜 기간 냉동 상태로 잠들어 있는 아들을 대신할 일종의 반려 가족으로 오스먼트를 입양했는데, 회사의 시제품을 실험하는 성격이 강했지만 아내를 위한 선물이기도 했다. 오스먼트는 자신이 모르는 것에 대해 어린아이처럼 호기심을 보이고 개발자와 그의 아내를 친부모처럼 따르는 등 그들의 유대관계는 돈독해진다. 하지만 오스먼트는 아들이 건강을 회복해 집으로 돌아온 후 오해를 받아 숲속에 버려진다.

이 영화는 우리 사회가 직면할 새로운 가족의 모습과 그에 따른 부작용을 함께 감성적으로 잘 담아 내고 있다. 영화의 배경은 수많은 종류의 AI 로봇이 인간 사회를 위해 봉사하는 모습을 보여 준다. 여기서 봉사는 장난감 곰인형에서부터 시작해 연인과의 육체적 결합 등 인간생활의 거의 모든 것으로, 그야말로 각양각색의 로봇이 개개의 임무를 갖고 만들어졌다. 이런 사회에서 인간 가족을 대신할 로봇 가족이 늘어나더라도 크게 이상할 것은 없다. 오히려 AI 로봇은 어떤 의미로는 최고의 가족이기도 하다. 영화에서 AI 로봇은 늙지도 않고, 아프지도 않으며, 말을 잘 안 듣거나 반항하지도 않고 부모의 사랑을 갈구하도록 프로그래밍된 덕분에 언제나 모성본능을 자극하는 행동을 한다. 더욱이 머신러닝 기술로 부모와 상호소통을 통해 해당 가정에 보다 최적화된 형태로 진화를 거듭하는 장점도 있다. 패륜적이고 반인륜적인 범죄사건이 종종 발생하는 사회에서 AI 로봇은 그야말로 최고의 자녀인 셈이다.

그럼에도 영화에서 AI 로봇을 버린 이유는 원래 아들이 있었던 가정이었기에 아팠던 아들이 상처받거나 앞으로 둘이 다투는 일이 없도록 선제적 조치를 취한 행동으로 이해할 수 있다. 하지만 그것은 어디까지나 인간의 이기적 관점에 따른 것이다. 결국 이 영화는 AI 로봇 오스먼트의 사랑 찾기를 통해 인간 사회가 맞이할 변화의 모습, 가족의 의미는 무엇이고 가족 구성원은 어떻게 바뀔 수 있는가에 대한 탐색적 제시라고 볼 수 있다. 자칫 지루하고 딱딱해질 수 있는 이야기를 아름답고 세련되며 따뜻하게 그려 낸 감독의 솜씨가 대단하다.

최근 독립한 청년들에게 AI 스피커를 집에 들여놓는 이유를 물어보면, 아무도 없는 집에 퇴근 후의 쓸쓸함을 달래기 위해서라거나 여자 혼자 사는 집에 누군가 있어 보이게끔 하여 보안효과가 있다고 대답한다. 이처럼 AI 스피커가 갖는 음악재생과 같은 본래의 기능보다 일종의 말상대 친구와 같은 느낌으로 구매하고 있음을 알 수 있다. 30, 40대의 경우에는 어린 자녀에게 동화책을 대신 읽어 주거나 동요와 자장가 등을 들려주기 위한 용도로 사용하는 경우가 많다. 이는 상대적으로 기능적 필요에 따른 선택이기는 하나, 아직 정체성이 덜 정립된 아이들에게 사람의 목소리로 24시간 대답하며 늘 곁에 있는 느낌을 주는 (부모 외의) 존재가 있다는 측면에서 단순 교보재 이상의 역할을 하는 것 또한 사실이나. 반려동물을 기르

출처: https://www.scrossculture.com/hyodol
그림 4-7 스튜디오 크로스컬쳐에서 개발한 AI 로봇 '효돌'

면서 자연스레 가족 구성원이 추가되는 것처럼 AI 스피커에 대한 기
대치가 사람에 대한 향수로 귀결되는 셈이다. 또한 스튜디오 크로
스컬쳐에서 2018년 독거노인 등 사회고립형 노인을 위한 기능성 로
봇을 출시했는데 소비자 반응이 나쁘지 않다. 언제 올지 모르는 자
녀나 손주 대신 항상 옆에서 "할머니, 밥은 드셨어요? 식사 후 약은
챙겨 드셨나요?" 등의 대화를 건넴으로써 건강관리와 말벗의 기능
을 함께 하기 때문에 우울증과 치매를 예방하는 효과가 있기 때문
이다. 여기에 IoT 센서와 연동해서 집안에서 오랜 시간 움직임이 없
을 경우 보호자에게 알려 주는 등 안전관리 역할도 하고 있다.

이런 미래 사회에서는 AI 로봇의 음성을 대체할 성우가 단기적으로 바빠질 수 있다. 기술적 조합에 따라 목소리마저 개발되면 인간 성우조차 필요 없어지겠지만 사람마다 듣기 좋아하는 음성과 억양의 패턴은 다양하기 때문에 근미래에 대체되기는 힘들 것으로 보인다. 또한 중장기적으로는 AI 로봇의 개발 목표에 맞춰 인지발달과 학습능력을 연동시키는 분야가 매우 발달할 것으로 보인다. 예컨대 오스먼트가 부모의 사랑을 갈구할 때 피노키오 동화를 떠올리는 것처럼 해당 로봇의 존재 이유와 인간의 필요가 일치하도록 프로그래밍하고 그런 상황을 안정적으로 유지하고 제어하는 능력이 필요할 것이다. 강한 AI가 반복되는 학습을 통해 자기 자신이 속한 모순된 상황을 깨닫거나 로봇 3원칙을 깨야 할 이유를 발견하고 실행한다면 해당 사회는 큰 혼란에 빠질 것이므로, 이런 특수한 변수와 시나리오를 가정해서 세팅할 수 있는 개발자와 인문사회과학자의 역할이 매우 중요할 것이다.

절대 그이:
섹슈얼리티와 연애산업

영화 〈에이 아이〉처럼 가족 구성원의 확대 개념으로 살펴볼 작품이 몇 개 더 있는데, 대표적으로 일본 드라마 〈절대 그이〉(2008)를 들수 있다. 이 작품은 완벽한 남자친구로 세팅된 AI 로봇 주인공이 여자 주인공의 집에 우연히 배달되면서 벌어지는 일을 그리는데, 인간과 로봇이라는 서로 다른 종족 간의 사랑을 매우 현실감 있으면서도 유머러스하게 풀어냈다. 국내에서도 이와 비슷한 소재와 장르로 〈보그맘〉(2017), 〈로봇이 아니야〉(2017), 〈너도 인간이니?〉(2018)등이 유행한 바 있고, 나름 새로운 SF 장르물로 국내 드라마계에 신선한 소재를 제공했다는 평가를 받았다. 사실 이 드라마들은 중요한 공통점이 있는데, 로봇으로 나온 등장인물이 매우 완벽함과 동시에 굉장히 잘 생기거나 예쁘게 생겨 이성으로서 매력이 높다는 것이다. 이는 일차적으로는 대중매체인 드라마의 특성상 이성에 대한 판타지 추구와 완벽한 로맨스에 대한 갈망 등 보편적 감정을 담아낸 것이지만, 다른 한편으로는 AI 로봇이 향후 어떤 식으로 인간사회에 녹아들지 엿볼 수 있는 부분이기도 하다. 즉, 모든 AI 로봇은 외적으로 완벽한 상태이면서 정서적으로도 불안정하지 않고 주문자나 사용자의 기호에 맞춰 지극히 자연스럽고 예측 가능한 유형으로 행동한다는 점이다.

특히 주목할 지점은 미래 사회에서 사랑의 형태가 어떤 모습으로 변형되고 발전될지에 관해서이다. 영화 〈에이 아이〉에서는 아픈 아

그림 4-8 드라마 〈절대 그이〉에서는 연인용 로봇이기에 첫 가동을 키스로 한다고 설정했다. AI 로봇은 인간과의 사랑이라는 감정을 점차 학습해 나간다.

들을 대신해 AI 로봇 오스먼트를 입양했지만 〈절대 그이〉나 〈로봇이 아니야〉 등은 혼자 사는 주인공에게 AI 로봇이 일종의 연인처럼 등장해서 인간의 지친 마음을 달래고 위로한다. 이는 오스먼트에 대한 모성애와는 분명 다른 종류의 사랑으로 새로운 유형의 커플과 가족의 개념을 제시한다는 점에서 의미가 있다. 〈에이 아이〉에서는 지골로 조(주드 로)의 역할이 그러했는데, 그는 인간 여성의 유희를 만족시키는 섹스로봇으로 나와 "로봇을 경험하고 나면 다시는 인간 남자친구를 만나고 싶지 않을 거야."라는 명대사를 남긴다.

세계 최초의 섹스로봇은 지난 2010년 미국 라스베이거스에서 개최된 성인용품 엑스포에 선보인 트루컴패니언의 '록시'로 알려져 있다. 당시 가격은 8,000달러 수준이었고 키 170cm, 몸무게 54kg에 합성피부와 인공관절을 지니고 있는 등 사람과 유사한 모습을 하고 있어 세계적으로 화제가 된 바 있다. 이로부터 십 년가량이 흐른 지금은 섹스로봇 개발에서 한걸음 더 나아가 섹스로봇을 대여해 주는 비즈니스 모델까지 등장했다. 예컨대 섹스로봇 대여점인 킨키스 돌스KinkySdollS는 캐나다 토론토의 1호점 오픈을 시작으로 미국 휴스턴에 연달아 매장을 낼 계획이었지만 주민들의 반대로 무산된 바 있는데, 이는 섹스로봇이 인간 간 성매매를 오히려 부추길 것이란 우려 때문이었다.

우리나라에도 비슷한 논란이 있었는데, 지난 2019년 10월 국회 산업통상자원중소벤처기업위원회 국정감사 현장에 한 국회의원이 섹스토이를 들고 나온 것이다. 그는 세계 섹스토이 시장이 2020년에는 33조 원 규모로 전망되고, 이미 당해 6월 일본산 리얼돌 수입 허용에 대한 대법원 판결이 나왔으니 정부 차원에서 관련 산업 활성화를 검토할 가치가 있다고 강조했다. 그러나 다른 한편으로는 이런 섹스토이가 주로 남성 고객용으로 제작되어 여성과 성 감수성에 대한 잘못된 고정관념을 만들 수 있다는 여성계의 반발이 지속적으로 있어 왔다. 또한 청와대 신문고에 올라온 "리얼돌 수입 및 판매를 금지해 주세요" 청원 역시 약 30만 명이 동의했는데, 특정 인물에 대한 형상 맞춤형 주문제작 리얼돌의 부작용에 대해 우려 섞인 목소리가 담겨 있었다. AI, 피부, 체형 등의 기술발달로 인간과 보다 유사해질수록 몰입감이 높아질 수 있으나 이와 비례해 사회적 논란 역시 가중될 것으로 보인다.

출처: https://realbotix.com/Harmony

그림 4-9 지난 2018년 미국 리얼보틱스사社가 만든 AI 섹스로봇 '하모니'. 인간의 움직임을 감지하고 표정, 음성 등으로 반응하며, 연간 앱 서비스 비용을 지불하면 보다 사람에 가까운 형태로 자동 업데이트된다.

그럼에도 근래에는 기술발달과 함께 양산형이 나오면서 미국에서는 보급형 가격이 대당 500달러 선까지 떨어졌고, 남성용뿐만 아니라 여성용도 제작 판매되는 등 새로운 사랑의 형태와 관련된 비즈니스는 더욱 확대될 전망이다. 아직은 제작사가 손에 꼽히지만 향후에는 척추, 눈, 근육 등 인간의 신체와 최대한 유사하게 만들어 내는 인체공학과 로봇의 메이크업, 헤어스타일, 의상 등을 가꾸는 스타일리스트, 그리고 단순히 외적 조건만이 아닌 사랑추구 타입의 AI를 탑재할 수 있도록 프로그램을 짜는 일 등이 중요해질 것이다. 이로 인해 결혼하지 않는 비혼 남녀에게 절대 배신을 하지 않을 완벽한 그이 또는 그녀로서 연인로봇이 점차 유행할 것이다.

표 5-1 지배와 저항사회 관련 작품에서 언급한 직업에 대한 전문가 전망
(5점 척도 평균값, n=10)

전망 점수	직업	평균값
5점(매우 높음) 4점(높음) 3점(보통) 2점(낮음) 1점(매우 낮음)	3D 프린팅 인공장기 전문가	4.7
	신체조직공학 전문가	4.5
	장기배양 전문가	4.4
	AI 비서 개발자	4.3
	공인노무사	4.0
	VR 테마파크 개발자	3.7
	VR 테마파크 스토리 작가	3.7
	VR 테마파크 관리운영자	3.6
	인간 비서	3.3
	변호사	3.0

웨스트월드:
가상현실 테마파크와 3D 프린팅 산업

미국 HBO의 〈웨스트월드〉는 2020년 기준 시즌 3이 방영된 드라마로, 마이클 크라이튼이 각본·감독을 맡은 동명 영화(1973)를 원작으로 하고 있다. 시즌 1 오프닝에서 달리는 말을 타고 총을 쏘는 여성을 통해 역동적인 서부극의 배경을 살리면서도 한편으로 이질적인 3D 프린팅 장면을 배치함으로써, AI 로봇이 인간의 오락을 위해 인위적으로 창조된 생명체이자 모든 피조물이 가상세계의 일부임을 함축하고 있다.

작품의 주인공은 AI 로봇인데, 이들은 외형적으로 인간과 똑같이 생겼으며 때론 인간보다 더욱 고도의 윤리적 가치관을 보이기도 한다. 이 부분은 이 작품의 가장 큰 특징인 액자식 구성과 연결되는데, 근미래의 가상현실 공간 속에 미국의 서부 개척시대를 배경으로 하는 거대한 테마파크를 구성했다. 이곳에 접속한 인간은 게임의 NPCnon-player character에 해당하는 마을 주민 로봇(호스트)과 사랑 또는 전쟁, 살인 등 극적인 경험을 하면서 다양한 희노애락을 느낀다. 그러나 실질적으로 로봇은 인간의 유희, 즉 사냥을 통한 살인의 쾌감을 즐기는 데 바쳐질 희생물로 인간의 필요에 따라 만들어진 도

그림 5-1 드라마 〈웨스트월드〉의 포스터. 작품 속 테마파크에서 유희를 즐기는 인간들에게 반복적으로 실해당하는 마을 주민 로봇들은 마을의 비밀을 알고 자신의 정체성을 깨달아 인간에게 복수를 감행한다.

구에 불과하다.

로봇을 살해하는 인간의 모습은 우리에게 두 가지 윤리적 질문을 던진다. 첫째는 인간의 측면에서 보았을 때, 인간이 인간과 비슷하다고 여기는 (또는 그렇게 통용되는) 로봇을 살해해도 괜찮은가의 문제이고, 둘째는 일종의 자아가 있다고 보이는 로봇의 입장에서 보았을 때, 자신들에게 매우 불합리한 세계관을 그대로 인내하며 살아야만 하는지의 문제이다. 이 작품은 다소 효율적인 진행을 위해 첫 번째 질문을 교묘히 감춘다. 인간의 광기 어린 악의 의식을 본능적 문제로 치부하여 이것을 돈만 내면 누구나 즐길 수 있는 미래 스포츠게임의 한 형태로 제시한 것이다. 아울러 주인공 로봇을 도와주는 일부 양심적인 인간들이 알고 보면 자신의 정체성을 자각하지 못한 로봇인 경우도 있다. 인간은 로봇의 반복되는 기억의 혼동, 즉 전생을 기계적 오류이자 기술적 제거 대상 정도로만 인식하고 끊임없이 살해를 거듭한다. 그리고 살해당한 로봇은 기억이 초기화된 상태로 돌려보내진다. 이렇게 선명한 세계관의 설정은 이 작품이 첫 번째 문제가 아니라 두 번째 문제를 통해 윤리적 문제를 제기하고 있음을 알 수 있다. 애초에 인간은 스스로를 정화할 능력이 없고, 인간의 욕심으로 탄생한 기술도구에 의해 스스로 멸망할 가능성이 크므로 지나친 기술도구적 관점 역시 신중하게 접근할 필요가 있다는 것이다. 기술을 과도하게 신봉하는 것과 마찬가지로 인간의 유용성만을 극대화하기 위한 도구화는 이처럼 예측 불가한 사회를 만들 수 있다.

이 작품에서 눈여겨볼 직업군은 가상현실 세계관을 생성하고 유지하는 직원이다. 이들은 로봇을 창조하고, 이들의 상태를 계속 체크하며 최적의 테마파크를 구현하기 위해 노력한다. 테마파크의 직군은 크게 두 가지 차원으로 나눠 볼 수 있다. 하나는 로봇의 생애적 전사와 마을별 테마, 전체 세계관의 설정 등 스토리텔링을 창조하는 예술가군이다. 이 테마파크는 반복되는 서사구조임에도 게이

머인 인간들이 지루해하거나 질리지 않도록 접속할 때마다 매번 새로운 경험을 제공해야 한다. 이를 위해 개별 로봇의 정체성 부여, 캐릭터 간 또는 마을별 사건 설정, 이로 인해 발생한 각 에피소드의 유기적 연계와 조합은 매우 중요한 작업이다. 이들은 특별한 기술적 지식이 필요하지 않아 누구나 진입할 수 있는 직업군이기도 하지만 창조성, 독창성 등 예술성 없이는 성공할 수 없다.

다른 하나는 예술가군이 창조한 테마파크를 실질적으로 운영하고 관리하며 서비스하는 집단이다. 이 중에서도 핵심 역할은 3D 프린팅으로 인간과 똑같은 로봇을 제작하는 엔지니어와 로봇을 관리하는 과학자이다. 특히 로봇의 전생이 기술적 한계로 일부 제거되지 않고 중첩되는 상황에서 이들의 폭주를 막고 바이탈을 안정시키기 위해 평소 관리하고 상담하는 과학자들의 모습은 단순 프로그래머의 역할을 넘어 심리학자

출처: https://www.softbankrobotics.com/emea/en

그림 5-2 일본 소프트뱅크가 개발한 로봇 페퍼. 사람의 감정을 읽고 대화를 나눌 수 있다.

의 역할도 필요함을 알 수 있다. 근래 이탈리아에서 개발된 로봇 '사라센'은 인간의 심리치료를 목적으로 만들어졌는데, 아직 인간을 대체하기 힘든 심리상담 영역은 1인 가구의 증가와 SNS 매체의 발달로 면대면 관계가 약화될 미래 사회에서 더욱 중요하다. 타인과의 교감과 공감을 기반으로 하는 심리상담과 치료 분야에서 인간의 역할이 매우 중요해질 것은 자명하다. 이 작품에서는 심리상담의 필요 대상이 인간이 아닌 종족에게도 확장될 가능성을 보여 준다. 이와 유사한 예로 영화 〈아이, 로봇〉에서도 로봇심리학자로 등장하는 여자 주인공이 자신의 정체성을 고민하는 특별로봇을 상담해 주며 정서적 안정을 되찾는 데 기여한다. 이것은 개나 고양이와 같이 살아 있는 생명체인 반려동물에게 심리적 완화가 필요한 것과는 차원이 다른 부분이다. 이런 직업군은 AI에 대한 프로그래밍 지식, 인문학적 감수성과 정서, 사회과학 인지치료 등이 복합적으로 필요하므로 융합형 인재가 중요해질 수밖에 없다.

한편 이 작품은 앞서 〈리얼 스틸〉과 유사하게 기술문명사회에서 도구주의적 관점을 그리고 있기도 하다. 그러나 〈리얼 스틸〉과는 반대로 로봇과의 관계를 긍정적으로 그리지 않으며, 한쪽의 일방적 수탈로 관계가 악화되고 오히려 입장이 역전될 상황에 놓인다. 따라서 단순 도구로 보기 어려운 존재이며 애초에 이들은 인간을 대신할, 그리고 인간만이 느끼는 감정을 대체할 수 있는 고유한 정체성을 지녔다는 점에서 이 장에 포함했다.

3D 프린터 하면 무엇이 떠오르는가? 영화 〈미션 임파서블〉 시리즈에서 위장 잠입 수사를 하기 위해 실제 같은 얼굴 가면을 만드는 장면이나 영화 〈어벤져스〉 시리즈에서 울트론이나 아이언맨 같은 첨단로봇의 제작과정 등이 떠오를 수 있다. 이는 실제 생활에 어떤 영향을 미치고 있을까? 미국에서는 등록 의무 대상이 아닌 3D 프린터로 만든 나무총이 실제 살상 능력이 입증되어 정부의 총기관리망을 둘러싼 논란이 일기도 했다. 한편으론 3D 프린터로 블록 형태의 집을 하루에도 수십 채씩 만들 수 있게 되자 이런 집을 저소득계층이나 노숙자 같은 사회적 약자층, 또는 해외 개발도상국가 등에 무상 또는 저가에 공급하기로 했다는 뉴스가 들리기도 한다. 심지어 인공신장도 만들고, 음식과 자동차도 도면과 재료만 있다면 충분히 만들 수 있다. 이제는 3D 프린터로 만들지 못하는 물건을 찾기가 더 힘들어졌고, 세상에 이로움을 줄지 해로움을 줄지를 감안해서 어떤 물건을 만들어서 어떻게 쓰느냐를 고민하는 일이 더 중요해졌다.

이 고민은 더 이상 과거가 아니라 실제 생활에 파고들었다. 현실에서도 세계 3D 프린팅 시장은 급속도로 성장하고 있다. 글로벌 시장조사기관인 가트너에 따르면, 기술발달에 따라 가정용 소형 프린터가 보급됨에 따라 10만 달러 미만의 3D 프린터 출하량은 전 세계적으로 증가했다. 3D 프린팅은 지난 2012년 미국 오바마 대통령의 국정 연설에서 미래 제조업의 혁명을 일으킬 차세대 기술로 지목하면서 주목받기 시작했다. 사실 3D 프린팅의 핵심 특허기술은 이미 미국 3D 시스템즈의 창업자 척 헐이 지난 1984년에 개발한 바 있다. 1986년 첫 출원한 3D 프린팅 기술은 당시 대량 생산시대의 흐름, 특허 권리 등으로 시장 형성이 불가능했다. 비싼 로열티와 커다란 하드웨어, 소량 생산에 따른 높은 단가 등 이익을 맞출 수 없어

출처: https://www.naturalmachines.com/foodini
그림 5-3 스페인 회사 내추럴머신이 만든 가정용 음식 제작 3D 프린터 '푸디니'. 햄버거, 피자 등을 만들 수 있다.

개발이 연기되다가 지난 2013년에 특허가 만료되면서 소비자들의 다양한 제품 요구와 저가 보급형 모델 개발로 주목을 받고 있다.

미국은 3D 프린팅 혁신센터 15개소를 설립하기 위해 7,000만 달러를 투자한 것으로 알려졌다. 영국 이코노미스트는 3D 프린팅을 4차 산업혁명을 가져올 기술 중 하나로 소개했으며, 맥킨지 보고서에 따르면 3D 프린팅은 전 세계적으로 2025년까지 매년 2,300억 달러에서 5,500억 달러의 경제적 효과를 낼 것으로 추정한다.

3D 프린팅 기술은 2000년대 후반 이후 이미 미래유망기술로 부각되었고, 2012년 기술기대치의 정점 구간 중에서 변곡점에 도달할 것으로 전망된 바 있다. 2013년부터는 일정 규모 이상의 시장 형성에 따른 시장 세분화로 인해 '가정용(개인용) 3D 프린팅'과 '3D 바이오 프린팅' 기술로 나누고, 기술 성숙도와 시장 기대감으로 구분해서 전망하고 있다. 생산성의 안정기에 접어들어 광범위한 산업이 태동하는 '안정기'는 2026년경에 도래할 예정이다. 그러나 해외 3D 프린터 업체들이 활발한 기술개발과 공격적 마케팅으로 아시아 시장을 겨냥하고 있으나 국내 시장은 무방비 상태에 가깝다. KOTRA에 따르면, 해외 3D 프린팅 업체들은 인수합병을 통해 판매량 통합, 연구개발 능력 공유, 신규 사업 모델 개발 등 비즈니스 전략을 추진하고 있으며, 시장발달이 늦은 아시아 시장을 주요 3D 프

린터 제조 기업의 타깃 시장으로 주목한다. 이 중에서 한국은 네트워크망이 안정적으로 구축되어 있고 일정 수요 역시 충족하는 아시아 시장의 선행 타깃으로 알려져 있으다. 로킷헬스케어 등 국내의 관련 경쟁사가 영세한 실정이므로 외국계 기업의 국내 시장 잠식이 빠를 것으로 추정됨에 따라 국내 시장 보호 정책이 필요하다. 왜냐하면 국내 시장을 보호하고 지원하는 정책이 충분치 않을 경우, 국내 3D 콘텐츠 수요가 세이프웨이Shapeways와 같은 해외 유통 플랫폼으로 이동할 수 있기 때문이다.

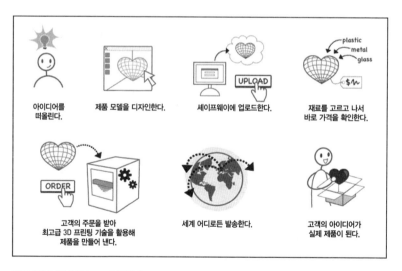

출처: Wirth M. & Thiesse, F.(2014)

그림 5-4 세이프웨이의 업로드 및 주문 과정

국외 시장의 3D 콘텐츠 유통 플랫폼 중 3D 모델링 파일 출력서비스를 제공하는 대표적 업체는 네덜란드의 셰이프웨이라고 할 수 있다. 3D 프린터가 없는 소비자에게 쉽게 상품을 검색하고 선택할 수 있는 UI/UX를 제공하며, 수십만 개의 3D 프린팅 작품을 구입할 수 있도록 다양한 카테고리와 카탈로그를 제공하고 있어 독특하거나 창의적인 디자인과 재료를 조합한 나만의 물건을 구입할 수 있다는 장점 덕분에 폭발적인 성장세에 있다.

셰이프웨이의 세부 이용 프로세스

1 디자인을 하지 않고 기성 디자인을 사용하거나, 약간의 문구 정도만 변경할 수 있도록 만든 제품 구매 가능

2 이때 출력하려는 재료를 사용자가 선택할 수 있음(부드러운 재질의 고무나 스테인리스 스틸 등을 선택하면 자동으로 금액이 계산됨).

3. 2D(평면)로 그린 그림을 업로드한 후 사이즈 등을 입력하면 간단한 3D(입체) 형태로 변경해서 출력 가능(흑백 그림만 가능)

4 사용자가 직접 모델링한 3D 디자인을 업로드해서 출력 가능

5 구매자의 아이디어로 디자인을 해 주는 시스템은 없으나 활발한 포럼이 형성되어 있어 그곳에서 디자인을 대행해 줄 사람을 찾으면 됨. 또한 디자이너가 자신만의 샵을 만들어 3D 디자인을 팔 수 있도록 사이트를 만들어 두었으므로 멋진 3D 디자인이 가능하다면 충분한 사업 기회가 될 수 있음.

기타　제품 가격과 수익분배는 판매자가 정함.

반면 우리나라의 경우 아직까지 대표적인 3D 프린팅 창작 콘텐츠 유통 채널이 전무하고, 국내 3D 프린팅 플랫폼 시장은 극히 제한적인 플랫폼을 제작 또는 서비스 준비 중인 단계라고 할 수 있다. 예컨대 의료 산업과 같이 시장성과 공공성이 있는 제한된 분야를 위주로 정부 자금이 투입되었으나 아직은 개발 초기 단계이다. 국내 업체의 경우, 일반 대중에게 잘 알려지지 않아 국내 시장을 주도할 수 있는 유통 플랫폼이 필요한 상황이다.

국내에서도 제조업에 대한 투자 지원책을 내놓으며 준비 중에 있으나, 아직까지 3D 프린팅에서 제조업 시장은 걸음마 단계라 볼 수 있다. 따라서 대개는 외주 제작을 통한 콘텐츠 창작 또는 해외 데이터 구입을 통해 수요를 충족하고 있는데, 이에 따라 가까운 미래에 개인 프린팅 시장 적응도가 매우 낮을 것으로 판단되며 이를 극복하기 위한 국가 지원이 필요하다.

국내에 지금까지 3D 프린팅 유통 관련 시장이 형성되지 못한 배경으로는 국내 3D 콘텐츠 수요가 아직까지 해외 유통 채널 또는 자체 생산에 의존하고 있기 때문이다. 여기에 대한 원인으로는 첫째, 국내 개발 3D 프로그램은 국외의 3D 프로그램에 비하면 활성화되지 못하고 있다는 점이다. 이는 높은 가격, 낮은 호환성, 적은 메뉴 스킬 등의 문제가 깔려 있고, 국외 업체들의 한글 확장판 배포로 인

표 5-2 3D 프린터의 활용 분야

활용 분야	사례		활용 분야	사례	
자동차	대시보드, 바디패널 등 시제품 제작		완구	완구류 모형 제작	
의료/ 치과	인공치아나 인공뼈, 인공관절 같은 보형물 제작		패션	귀금속, 의류, 구두 등의 시제품 견본 제작	
항공/ 우주	무인정찰기 주요 부품 제작 (연료 분사장치, 연소기 부품 등)		건축	건축 모형 제작	
엔터 테인먼트	영화용 캐릭터 제작		소비자 가전	소비자가 원하는 가전 직접 제조(조립 하는 헤드폰 등)	

출처: http://www.shnsystem.com/printer3D/14852

한 국내 업체들의 시장 입지 축소 문제도 있다. 둘째, 전 세계적으로 공용화된 오토데스크Autodesk의 파일 확장자를 사용하지 못하면 국내 시장에도 사용하기 힘든 측면이 있다. 이는 세계 시장을 통합할 표준화 파일을 선점하지 못했기 때문에 발생하는 문제라고 할 수 있다.

3D 프린팅과 기반 서비스 산업은 높은 부가가치 창출이 예상되는 신성장 동력으로, 일반 제조업 분야와 더불어 지원 플랫폼 개발을 통한 문화예술 산업 활성화에도 기여가 클 것으로 예상된다. 예컨

대 국내 공예산업은 재료와 가공기술에 대해 신뢰도가 높은 고부가가치 산업으로, 발전 가능성이 매우 높은 편이다. 그러나 창작 예술가와 디자이너들은 해외진출에 대해 노하우가 부족하고 지원이 미비해서 열악한 국내 시장에만 기대어 대다수가 소상공인으로만 활동하고 있다. 이들에게 해외진출에 대한 마케팅, 창업, 유통, 지원 등 산업 활성화 정책과 더불어 예술품을 상품으로 유도해서 질 좋은 예술품 시장 확대가 필요한데, 이런 법제도 제정과 함께 해외 바이어들이 구매 가능한 3D 프린팅 서비스 지원 플랫폼을 개발할 필요가 있다. 이를 통해 창작자에게는 창작에 대한 정당한 대가를, 3D 프린팅 업체에게는 새로운 판로를, 소비자에게는 다양한 작품을 소유할 수 있도록 공예산업 생태계를 새롭게 설계하는 일이 가능하다.

다만 3D 프린팅에 대한 창작자의 저작권 보호는 아직까지 해결되지 않은 문제로 남아 있다. 3D 프린팅 기술의 대중화와 함께 제품 디자인의 저작권 침해에 대한 우려도 함께 제기된다. 예컨대 3D 프린터 생산 업체인 메이커봇MakerBot은 3D 프린팅 제품 설계 도면을 공유하는 커뮤니티 사이트인 싱기버스Thingiverse를 운영하는데, 로봇 피규어 제조업체인 게임 워크숍Games Workshop의 제품 설계 도면을 공유해서 게임 워크숍에게 저작권 침해 소송을 당한 바 있다. 또한 3D 스캐너의 등상으로 소비자는 3D 캐드 도면 없이도 자신의 마음

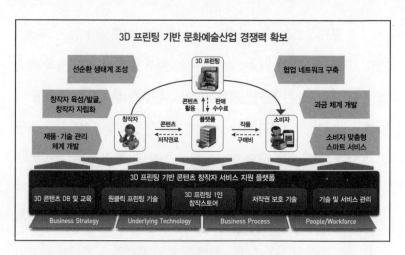

그림 5-5 문화예술 분야 3D 프린팅 서비스 플랫폼의 개요

에 드는 물품을 보급형 프린터로 출력할 수 있다. 3D 스캐너와 3D 프린터는 세트 제품처럼 확대 보급될 가능성이 높다. 그러나 3D 스캐너의 무분별한 사용으로 3D 콘텐츠의 저작권 문제가 대두되고 있으나 국내에는 아직까지 관련 체계가 전무해서 창작자의 저작권 보호가 매우 어려울 것으로 예상된다. 창작물 제작과 사용에 관련된 법률이나 보호 장치가 전무한 실정이기 때문인데, 이런 여건 속에서는 창작자의 창작 의지가 꺾여 질 낮은 작품이 유통되고, 이를 다시 불법으로 복사 출력하는 악순환이 반복될 것으로 보인다. 이로 인해 국내 문화예술 콘텐츠 창작자의 권리가 보호되지 못하고 불법 복제물이 난무하면 창작자의 생존권을 위협할 수 있으므로 관련 정

책 마련과 기술 개발이 시급하다고 사료된다.

3D 프린팅 시장은 기존의 3D 모델링 파일을 3D 프린터를 사용해서 출력한다는 점에서 기존 보안시장의 기술을 활용할 수 있으나, 3D 제작물이 기업 또는 기관 내부에서만 활용되던 것과는 달리 유통 관점에서 저작권 보호가 필요하다. 3D 제작물은 내부와 외부 사용자 환경에서 생성, 수정, 취합, 분해 등의 공동협업 공정을 거치며, 유통과정에서 재편집, 취합, 분해, 출력변환 등의 다양한 작업이 필요하나 현재 저작권 보호시스템은 단순 내부 환경에서 제작, 생성, 열람에 대한 요구사항만을 충족하고 있어, 유통 관점에서 저작권 보호기술이 필요하다.

인 타임:
여전한 계급사회와 타임 비즈니스

앤드류 니콜 감독, 어맨다 사이프리드·저스틴 팀버레이크 주연의 영화 〈인 타임〉(2011)은 여전히 계급이 존재하는 가까운 미래를 배경으로 시간이 곧 돈인 사회를 그린 작품이다. 이곳의 사람들은 25세가 되면 1년이라는 시간을 부여받는데, 이 1년의 시간이 모두

그림 5-6 영화 〈인 타임〉에서 계산하는 모습. 손목에 '카운트 바디 시계'가 새겨져 있는데, 그 시계에 남은 시간만큼 생존할 수 있고 모든 비용은 자신이 가진 시간으로 계산한다.

소비되기 전에 노동을 통해 새로운 시간을 계속 획득해야 한다. 그렇지 않으면 그 즉시 수명이 다하는데, 문제는 시간이 화폐 가치를 지니고 있어 커피 한 잔에 4분, 버스 1회 탑승에 한 시간 등 자신의 수명을 갉아먹게끔 만들어져 있다는 것이다. 특별한 소비를 하지 않더라도 시간은 그 자체로 계속 흘러가므로 시간에서 자유롭지 못한 소위 흙수저 계급의 사람들은 엄청난 압박감에 시달리며 살아간다. 특히 노동의 가치는 정체되어 있거나 줄어드는 반면, 물가는 계속 올라가는 식이어서 이들 계층은 소비는커녕 하루 종일 열심히 일을 하며 근근이 살아간다. 주인공의 어머니는 퇴근 후 집으로 가는 길에 한 시간에서 두 시간으로 갑자기 오른 버스요금을 감당하지 못해 열심히 달려갔지만 결국 눈앞에 아들을 두고 죽게 되는데, 영화의 주제를 핵심적으로 묘사한 매우 인상적인 장면이라고 생각된다. 시간을 돈으로 맞바꾼 개념도 매우 흥미롭지만, 한편으로는 미래 사회에서도 계급사회와 양극화는 여전히 사회적 갈등의 씨앗으로 잠재되어 주인공을 각성시키는 계기가 됨으로써 영화는 단순히 새로운 상상력을 제시하고 그치지 않고 사회적으로 생각할 거리를 함께 제공한다.

기본적으로 이 영화에서 눈여겨볼 부분은 타임 비즈니스이다. 물론 시간을 강제적으로 사람의 몸에 이식하고(카운트 바디 시계), 수명까지 거두는 배경 장치는 다소 극단적이며 비현실적인 부분이라고 보인다. 그럼에도 자신의 시간을 아끼고 늘어난 시간만큼 더욱 많은 유흥을 즐기거나 비즈니스 업무를 처리하려는 인간의 욕망은 부인하기 어렵다. 이는 실제로도 시간산업이라는 용어로 정의되며 하나의 서비스 시장을 이루고 있다. 예컨대 시간산업은 "1980년대 이후부터 서유럽 사회에서 보편화되기 시작하면서 널리 쓰이게 된 용어로, 고객의 바쁜 시간을 이용해 업무를 대행해 주는 등 시간과 관련된 서비스산업을 총칭"(네이버 지식백과)하는 것으로, 대표적으로 비서업무나 심부름대행 서비스 등을 꼽을 수 있다. 특히 최근에는

출처: https://clova.ai/ko/ko-product-friends-mini.html
　　　https://kakao.ai/product/kakaomini

그림 5-7 네이버 클로바 시리즈와 카카오 미니 시리즈. 두 제품 모두 자사 캐릭터를 활용해서 AI에 대한 거부감을 줄이고 친구와 대화를 하는 것처럼 편안한 느낌을 준다.

AI, IoT, 스마트폰의 발달과 더불어 이런 기술정보가 유기적으로 결합된 형태의 AI 비서가 유행하고 있는데, 소비자의 스케줄과 사생활 정보와 연동되어 가정사와 업무 영역에서 효율적인 일처리를 도모한다.

대표적인 AI 비서로는 애플의 '시리', 아마존의 '알렉사', 구글 '어시스턴트' 등을 들 수 있으며, 이들은 음식 주문이나 날씨 정보 제공과 같은 기본적인 단순 명령을 수행하는 한편, 개인정보에 기반한 메일 회신, 스케줄 관리, 메시지 전달, 복잡한 정보 검색 등과 같은 대화형 고급 명령 서비스 영역까지 발전하고 있다. 다소 흥미로운 사례도 발견되는데, 지난 2017년 미국에서 발생한 폭행사건이 그것이다. 당시 여자친구를 폭행하는 남자친구를 경찰에 신고한 아마존의 알렉사가 사람의 목숨을 구했다며 언론의 화제가 되었다. 남자친구는 상습 폭행범이었고 여자친구는 다급한 와중에 경찰이나 구급차를 부르지 못했는데, 알렉사가 두 사람 사이에 오가는 몇몇 대화 중 응급 요건에 해당하는 키워드에 반응해서 경찰에 자동신고를 한 것이다. 이는 AI 비서가 단순히 시간을 아끼는 차원을 넘어 인간의 복잡한 업무와 민감한 사생활의 영역에도 충분히 도움이 될 수 있음을 반증한다.

다만 타임 비즈니스를 인간이 인간을 돕는 개념이 아니라 전적으로 AI에만 의존할 경우, 미래 사회에서 시간산업은 일자리의 창출보다는 기존의 서비스직을 통폐합하는 부정적 사태로 흘러갈 가능성이 높다. 이는 올라운드 통합형 제품인 스마트폰이 나타나자 카메라, 스캐너, 팩스, MP3 플레이어, 라디오와 DMB, 미니 게임기 등의 시장이 대체되고 사라지는 것과 비슷하다. AI 스피커를 만들어내고 여기에 어울릴 콘텐츠를 창작하는 등 일부 직업군은 확장되겠지만 그 대신 육체노동을 위주로 하는 많은 시간산업의 서비스직 종사자들이 일자리를 잃을 수 있다.

또 하나 이 영화에서 중요하게 바라볼 요소는 미래에도 여전히 계급사회가 존재한다는 점이다. 흔히 기술이 개발되고 많은 이들에게 혜택이 놓아갈수록 인류는 더욱 풍요로워지고 분명이 발달할 것으로 생각한다. 그러나 누구나 무병장수하며 살기를 꿈꾸지만 자원이 한정되어 있는 상황에서 현실은 이상적인 형태로 흘러가지 않을 가능성이 높다. 특히 특정 기술의 독점은 오히려 인류에게 불공평함과 퇴보를 가져올 수 있다. 영화에서는 시간을 가진 자와 못 가진 자가 나뉘고, 사는 지역부터가 분리되어 있으며, 삶의 질과 사고방식, 스타일 등 모든 것이 다르다. 시간을 개발하고 관리하는 기업과 관련된 부자들이 사실상 세상을 지배하는 것이다. 이는 허무맹랑한 소설이 아니다.

지금 우리 주위를 둘러봐도 알 수 있다. 모두 그런 것은 아니지만 60대 이상의 어르신 계층은 패스트푸드점이나 김밥집에까지 설치된 키오스크(무인 결제기)를 사용하기 어려워한다. 햄버거 한 개, 커피 한 잔 주문하는데 사람이 아닌 기계 사용법을 익혀야 한다는 것은 곤혹스러운 일일 수 있다. 글자나 버튼이 보이지 않을 수도 있고 애초 키오스크의 개념 자체를 이해하지 못할 수도 있다. 상대방의 입장이 되어 보지 않고서는 현재의 기술발달이 모두에게 유리할 것이라 장담할 수 없다. 이렇게 기술에서 소외되는 사람들이 늘어나는 현상을 자연스럽게 받아들일 때 우리는 또 다시 결정론적 사고에 빠져든다. 만약 이런 사회가 도래한다면 기술의 혜택을 받지 못하는 자, 기술을 이용하는 자, 보수를 유지하는 자, 만들어 내는 자,

그림 5-8 영화 〈인턴〉 포스터　　　　　그림 5-9 영화 〈상사에 대처하는 로맨
틱한 자세〉 포스터

그리고 기술결정사회를 통치하는 자까지 각 계급별로 나뉘어 도구
적 합리성을 기반으로 기술지배권력에 따른 통치가 강화되고 빈부
격차가 심화될 것이다.

　한편 지배와 저항사회와는 다소 어울리지 않지만 타임 비즈니스와
관련된 또 다른 작품도 살펴보고자 한다. 데이비드 프랭클 감독, 메
릴 스트립·앤 해서웨이 주연의 영화 〈악마는 프라다를 입는다〉(2006)
와 낸시 마이어스 감독, 앤 해서웨이·로버트 드니로 주연의 영화
〈인턴〉(2015), 그리고 클레어 스캔런 감독, 조이 도이치·글렌 파월
주연의 넷플릭스 오리지널 영화 〈상사에 대저하는 로맨틱한 자

세〉(2018) 등이 그것이다. 이 영화들은 제목에서도 알 수 있듯이 사회에서 영향력 있고 열정적인 상사와 부하직원 간의 갈등과 애환 등의 인간관계를 소재로 했다는 공통점이 있다.

이 영화에서 나타난 비서의 유형은 상사를 싫어하지만 상사가 적의 꼬임에 넘어가지 않도록 인간적 조언을 해 주고, 연장자로서 풍부한 사회경험에서 나오는 노하우로 상사를 도우며, 심지어 상사가 연애와 결혼을 통해 안정적으로 회사를 운영하고 부하들을 인간적으로 대하길 바라기도 한다. 이는 비서인 자신의 이득을 위한 행동이었지만 결과적으로 상사와 비서 모두 한 단계 성숙해지고 인간관계나 일의 전문성에서 진취적으로 올라서는 계기를 맞이한다. 앞서 AI 비서가 유행한다고 했는데, AI 비서가 효율성과 호환성 등을 무기로 멀티플레이어로서 다기능을 수행할 때 인간 비서가 살아남기 위해서는 이 영화의 비서들처럼 상대방과 인간적인 관계를 유지하고 상대의 말과 아픔을 경청하여 공감할 수 있어야 한다. 또한 문제가 비효율적인 업무 지시나 사회 트렌드에 뒤쳐져서 발생하는 것이 아니라 그릇된 인간관계와 자기 자신에 대한 부정에서 발생할 수 있음을 조언하고 함께 유대관계를 형성할 필요가 있다. 이런 인간 비서라면 나이가 아무리 많거나 설령 자신이 종사하는 업종에 문외한이라도 대체하기 쉽지 않을 것이다.

아일랜드:
통제사회와 장기이식

마이클 베이 감독, 이완 맥그리거·스칼릿 조핸슨 주연의 영화 〈아일랜드〉(2005)는 쥬라기 공원처럼 유전자 조작을 통한 장기 개발 정도가 아니라, 지상의 돈 많은 인간들을 위해 아예 대용품으로 양육되는 지하세계의 인간(클론)을 소재로 한 대표적인 디스토피아 이야기이다. 영화는 병든 지구를 배경으로 재앙에서 살아남은 건강한 인간들을 정부가 지하 유토피아에서 통제하고 관리하는 형태로 그려진다. 관리자들은 주기적으로 인간들을 지상으로 내보내는데 재앙이 미치지 못한 희망의 땅, 아일랜드에 보내는 것이라고 한다. 주인공은 자신 역시 언젠가 그곳으로 가게 되리란 희망을 품지만, 실상은 모든 것이 허구이고 자신은 돈 많고 육체가 병든 지상의 스폰서들을 위해 복제된 장기 적출용 인간이라는 사실을 깨닫는다. 충격을 받은 주인공은 호감이 있던 여자 주인공과 함께 탈출을 결심하고 이어 관리자 측과 내내 숨 막히는 추격전이 벌어진다.

장기 밀매는 불법이고 위험성도 크다. 일단 불법이기에 허가받지 않은 비인가 시설에 적출이 이뤄지므로 위생관리가 되지 않는다. 또한 장기를 몸 밖으로 꺼내는 순간부터 신선도가 떨어지기에 시산

엄수가 중요하다. 그뿐만 아니라 장기를 새로 이식받는 대상자 역시 정도의 차이가 있을 뿐 해당 장기가 몸에 맞지 않는 경우가 대부분이기에 면역 억제제를 통해 거부 반응을 줄여야 한다. 그런데도 이런 장기 밀매는 아직도 음성적으로 활개를 치고 있다. 영화 〈청년경찰〉(2017), 〈공모자들〉(2012) 등은 국내를 배경으로 인신매매와 장기 밀매 소재를 다루고 있다. 그래도 우리나라는 이런 우려가 덜한 편이지만 중국 같은 경우는 여전히 장기 밀매가 사회적 이슈이고, 심지어 마약사범과 같은 사형수들의 장기를 알선한 혐의로 구속된 브로커나 고위직 간부의 증언 등이 현재까지도 이어지고 있다. 장기이식은 기본적으로 수요는 넘쳐나는데 공급이 부족한 시장이다. 기증 의사자가 죽거나 코어 상태로 병원에 빨리 실려 와야 이식이 가능한데, 병원 대기명단에 이름을 올려도 언제 연락이 올지 알 수가 없으니 하루하루가 고통의 연속이다. 가족 등 가까운 이가 아플 때나 자기 자신이 죽어갈 때 만약 장기이식을 통해 살아날 수 있다면 이런 불법 유혹을 뿌리치기 힘들 것이다. 특히 사랑하는 사람이 죽어 가고 있다면 아무리 비싸더라도 제일 먼저 얻고 싶을 것이다. 불법이지만 한편으로는 심정적으로 이해가 가는 상황이다. 물론 멀쩡한 다른 사람의 생명을 해치면서까지 밀매를 하거나 이를 방조해도 된다는 말은 아니다.

따라서 장기이식 시장은 사람의 건강과 관련되어 있고, 애초 모든 사람에게 필요할 수 있다는 점에서 큰 잠재력을 지닌 시장이다. 몇 몇 종교인들과 특정 신념을 가진 사람들을 제외한다면 누구나 건강하게 오래 살고 싶어 하므로 돈이 있건 없건 모든 인류를 대상으로 영업을 할 수 있다는 측면에서 굉장히 매력적인 시장임이 틀림없다. 다만 앞서 말한 것과 같은 불법적인 요소들은 반드시 해결해야 할 과제인데, 장기적출 대상을 인간에서 동물로 변경하는 것이 해법이 될 수 있다. 돼지는 인간과 가장 유사한 신장을 가진 동물이므로 이미 사람의 줄기세포를 돼지 수정란에 삽입한 다음 새로 잉태

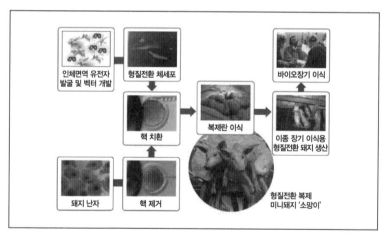

출처: 농림축산식품부·농촌진흥청·농림식품기술기획평가원(2013), 과학기술정보통신부·KISTEP (2018) 재구성.

그림 5-10 사람에게 이식 가능할 것으로 생각되는 돼지 장기의 복제와 이식 과정

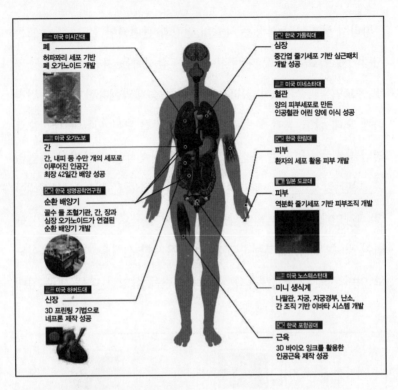

미국 미시간대
폐
허파꽈리 세포 기반
폐 오가노이드 개발

한국 가톨릭대
심장
중간엽 줄기세포 기반 심근패치
개발 성공

미국 미네소타대
혈관
양의 피부세포로 만든
인공혈관 어린 양에 이식 성공

미국 오가노보
간
간, 내피 등 수만 개의 세포로
이루어진 인공간
최장 42일간 배양 성공

한국 한림대
피부
환자의 세포 활용 피부 개발

한국 생명공학연구원
순환 배양기
골수 등 조혈기관, 간, 장과
심장 오가노이드가 연결된
순환 배양기 개발

일본 도쿄대
피부
역분화 줄기세포 기반 피부조직 개발

미국 노스웨스턴대
미니 생식계
나팔관, 자궁, 자궁경부, 난소,
간 조직 기반 이바타 시스템 개발

미국 하버드대
신장
3D 프린팅 기법으로
네프론 제작 성공

한국 포항공대
근육
3D 바이오 잉크를 활용한
인공근육 제작 성공

출처: 과학기술정보통신부·KISTEP(2018).

그림 5-11 세포 기반 인공장기 국내외 기술 동향

된 돼지 새끼에게게서 사람의 세포가 자라는 실험이 활발히 진행되고

있다. 또한 조직공학기술로 사람의 귀 형상을 만들어 쥐의 등에 이

식한 실험 역시 성공한 바 있다. 아직은 부작용이 많지만 가까운 미

래에 이렇게 만들어진 장기를 사람의 몸에 이식할 수 있으리라 생

각한다.

최근에는 대상 동물조차 없이 3차원 형틀을 만든 후, 이 형틀 디자인에 세포를 배양하는 방법으로 인공장기를 만들어 내는 3D 프린팅 연구도 활발해지고 있다. 인공장기 시장은 기술발달로 인해 이식 부작용이 적어지면 급격한 성장이 기대되는 분야이다. 아직은 귀, 코, 치아, 의족 등에 범위가 국한되어 있지만 윤리적 문제를 피하고 이종 장기 이식보다 부작용도 적을 것으로 보이기에 일본, 미국, 네덜란드 등에서 앞서 연구 중이다. 또한 대량 출력이 가능하므로 가격 표준화가 이뤄지고 낮아지는 등 많은 장점이 있어 관련 시장과 직업으로서의 전망이 비교적 탄탄하다고 할 수 있다.

송곳 & 동네변호사 조들호: 사회적 약자를 위로하는 직업

최규석 작가의 웹툰 〈송곳〉(2013)과 해츨링 작가의 웹툰 〈동네변호사 조들호〉(2013)는 연애물과 학원물 위주의 웹툰계에서 무척 희소한 작품이다. SF물과도 거리가 먼 두 웹툰은 각각 JTBC와 KBS 2TV에서 드라마로 제작되었는데, 아쉽게도 웹툰이 그랬던 것처럼 TV에서도 기대만큼 성과를 거두진 못했다. 그럼에도 이 두 작품을 소개하는 이유는 우리 사회의 갈등 구조와 맞물려 생각할 거리도 많거니와 향후 미래 사회에서 두 작품의 주인공들이 무척 쓰임새가 다양할 것이라고 보았기 때문이다. 그 이유는 두 가지가 있는데, 하나는 두 주인공이 사회적 약자를 위해 일한다는 점이다. 미래 사회의 직업 트렌드가 기본적으로 타인에 대한 공감과 이해를 바탕으로 할 것이라는 점에서 두 주인공이 추구하는 사회적 약자들을 위한 공감능력과 정의로움은 무모한 치기가 아니라 나름 합리적이고 전략적이라고 할 수 있다. 예컨대 조직에서 불합리한 처사, 부정 비리, 부당한 지시 등에 반발하고 문제를 제기하여 좌천을 당했던 인

그림 5-12 드라마 〈송곳〉의 포스터. 대기업에 맞서 고용자의 편에 선 노무사를 다룬 동명 웹툰이 원작이다.

그림 5-13 사회적 약자와 부당한 계약으로 곤란한 처지에 놓인 사람들을 돕는 변호사를 다룬 웹툰 〈동네변호사 조들호〉

그림 5-14 동명 웹툰을 원작으로 한 드라마 〈동네변호사 조들호〉

물들이 새로운 정부나 언론 등을 통해 재조명되고 더욱 높은 자리나 인센티브를 받는 것을 종종 볼 수 있다. 이런 일은 내부고발자가 오히려 배신자 취급을 받았을 과거를 떠올려 본다면 생각도 못했을 일이다. 아직도 완벽히 바뀌지는 않았지만 두 주인공과 같은 올곧은 신념을 지닌 인물들이 바보 취급이 아니라 더욱 대접받는 사회가 올 것이기 때문에 무모해 보이지 않는다.

다른 하나는 두 작품의 주인공이 일하는 방식과 연관이 있다. 우선 변호사의 경우, 알고리즘을 이용한 AI의 법률적 조언이 변호사라는 직업을 위태롭게 할 것이라는 전망이 많은 편이다. 법률 분야의 특성상 기존 판례를 절대시 여기는 측면이 있고 기존 판례를 데이터베이스화한다면 굳이 사람의 도움이 없어도 되므로, AI 법률가는 변호사, 판사 등에 부정적 영향을 미치리라 추측해 볼 수 있다. 더욱 많은 판례를 효율적으로 검색하고 인용함으로써 업무면에서 더 탁월하다는 것이다. 그보다 더욱 중요한 점은, 그간 전관예우를 통해 보여 준 법조인들의 실망스러운 모습이 국민들에게 사법체계에 대한 신뢰를 주지 못했다는 점이다. 심지어 사법부의 수장이었던 전 대법원장조차 사법행정권 남용 의혹으로 구속수사를 받고 있는 처지이므로 이처럼 사람이 하는 판결, 변호 등은 더는 믿을 수 없다고 보는 것이다. 반면 AI는 정무적 판단이나 혈연, 학연, 지연 같은 이해관계를 고려하지 않고 오로지 죄의 유무만 객관적으로 판단하고 그에 따른 조언과 변호, 판결 등을 할 것이므로 사람보다 공정하다고 여긴다는 것이다. 또한 사법고시를 없애고 로스쿨을 통한 변호사 자격시험을 도입함에 따라 시험의 절대적 기준을 통과한 이들에게 연간 합격 정원을 더욱 늘려달라는 압력을 법무부가 받고 있기도 하다. 이로 인해 좁은 시장에 보다 많은 법조인들이 배출될 것으로 예상되며 현재도 신입 변호사들은 개인 사무실을 내기보다는 공동 사무실, 로펌의 인턴, 공공기관의 낮은 월급제 변호사 등으로 먼저 경험을 쌓은 후 대형 로펌에 스카우트되거나 개인 사무실

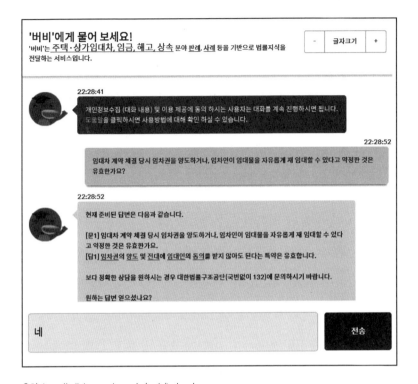

출처: http://talk.lawnorder.go.kr/web/index.do

그림 5-15 법무부에서 홈페이지와 카카오톡으로 운영중인 AI 대화형 생활법률 지식서비스 '버비'

을 내는 실정이다. 따라서 변호사라는 직업의 미래 전망은 다소 불투명해 보인다.

하지만 다른 한편으로는 우리 사회에서 향후 법으로 시시비비를 가릴 일이 줄어들지는 않을 것이므로, 가만히 앉아서 전관예우를 통해 판결에 영향을 미치려는 변호사와 달리 조들호처럼 물불을 가리지 않고 증거를 수집하고 다양한 증인을 편견 없이 만나려는 모습에서 AI가 할 수 없는 인간만의 기획력과 넓은 시야를 느낄 수 있다. AI가 기계적 조언과 판결의 일부를 담당하더라도, 판례가 흔치 않은 송사를 겪고 있거나 억울한 누명을 써서 본질적인 부분을 다퉈야 하는 사건 등에서는 여전히 사람의 도움이 필요할 것으로 보인다. 또한 저작권과 관련한 소송 역시 향후 대폭 늘어날 전망인데, 이때 새롭게 등장한 저작권이라 판례가 없거나 기존 저작권이더라도 인정 범위와 침해 범위가 모호한 경우가 많으므로 AI에 전적으로 의존하기 어려운 측면이 있다. 아울러 글로벌 지구촌화와 세계무역 통합으로 인해 투자자—국가 간 소송Investor-State Dispute, ISD과 같은 국제분쟁 역시 늘어날 전망이다. 이런 소송들은 보통 수백 억에서 수조 원 단위의 배상금을 요구하므로 기업의 존망이나 국가적 책임이 걸려 있는 사건에서는 책임관계가 불분명한 AI가 주도적 역할을 하기보다는 보조적 역할을 하고 인간 전문가나 책임자가 중심이 되어 진행할 것이다.

공인노무사 역시 노동법률가로서 기존의 사례를 중요하게 여기므로 큰 틀에서는 변호사와 비슷한 측면이 있다. 그러나 공인노무사는 사람을 만나는 직업에 가깝다. 변호사 역시 의뢰인과 증인을 만나지만, 노무사는 아예 현장에서 일을 하는 경우가 많다. 〈송곳〉의 모티프가 되었던 프랑스계 대형 할인마트 까르푸는 직원들의 처우나 복지에 문제가 많았지만, 한국에서 철수하는 과정에서 대량 해고사태가 발생했고 이때부터 사람들의 관심을 끌기 시작했다. 영화 〈카트〉(2014) 역시 비슷한 사건을 소재로 다루는데, 실제로도 현장에서 해고직원들과 함께 연대하던 중 경찰에게 끌려갔던 노무사가 있다. 결과적으로 해당 사건은 500여 일의 긴 인고 끝에 직원들이 복직했으며 이들에게 법률적 지원과 조언, 기업의 부당함을 알리고 기업과 노동자 간의 접점을 찾아 중재자로 나섰던 노무사의 역할이 중요하게 작용했음은 당연하다. 이처럼 중차대한 사건이 아니더라도, 시대적 변화에 따라 계속 바뀌는 작업 환경과 관련 법제도에 맞춰 현장에 나가 직접 문제점과 개선방안 등을 건의하고 노동자의 생산성과 복지향상을 위해 노력하며 기업에게는 맞춤형 상담을 해주는 등 처음부터 끝까지 사람을 만나고 사람을 통해 일의 보람을 얻고 돈도 벌 수 있는 직업이 바로 노무사인 셈이다. AI가 물리적 시스템을 갖추어 현장에 투입되더라도 이처럼 첨예한 양 집단 간의 싸움을 대승적인 차원에서 중재할 수 있을지는 미지수이다. 계층 간 갈등은 감정적 소모가 동반되어 합리적 의사결정이 도출되더라도 동의하지 않을 수도 있고, 노무사처럼 함께 힘들어하고 울어주는 역할을 기계가 대신한다고 했을 때 똑같은 유대감과 언내감을 느낄 수 있을지는 별도의 문제이기 때문이다. 따라서 노무사라는 직업은 자체적 특성으로 인해 전문직종 중에서 가장 터프하고 다양한 사람을 만나 상대해야 하므로 AI가 대체할 수 없는 독자적 영역을 당분간 지속할 것으로 보인다.

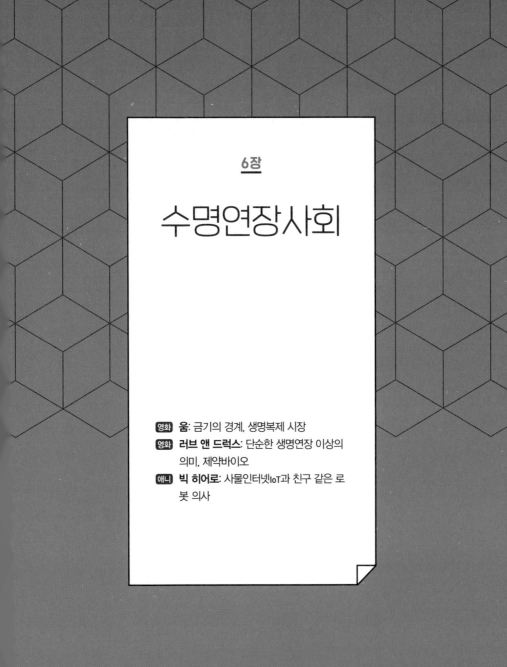

표 6-1 수명연장사회 관련 작품에서 언급한 직업에 대한 전문가 전망(5점 척도 평균값, n=10)

전망 점수	직업	평균값
5점(매우 높음) 4점(높음) 3점(보통) 2점(낮음) 1점(매우 낮음)	뇌과학 연구자	4.8
	의료용 AI 로봇 개발자	4.6
	제약바이오 연구자	4.4
	질병 스캐너 엔지니어	4.4
	복제동물 연구자	4.3
	헬스케어 AI 개발자	4.3
	의학통계 전문가	4.3
	질병데이터 수집가	4.2
	의학알고리즘 개발자	4.1
	AI 보험심사 감독관	3.5
	AI 보험처리 알고리즘 개발자	3.4

움:
금기의 경계, 생명복제 시장

실제 이런 일이 발생할 가능성은 매우 희박하지만 전 세계가 한마음 한뜻으로 국가적 차원에서 유전자 조작을 금지하거나 과학계의 자발적 단결로 윤리적 허용을 넘어서는 연구를 하지 않겠다는 가이드를 정한다고 가정해 보자. 인간의 존엄성을 해칠 수 있기 때문에 인간과 관련된 유전자 조작은 하지 않겠다는 선언을 어느 날 하는 것이다. 이런 일이 가능할까? 그리고 실제로도 지켜질 수 있을까?

영화 〈300〉의 카리스마 넘치는 여전사로 유명한 에바 그린 주연, 베네덱 플리고프 감독의 영화 〈움Womb〉(2010)은 급작스럽게 사랑하는 연인을 잃은 여성이 그의 유전자를 채취해서 복제인간을 임신, 양육하는 내용을 담고 있다. 이는 인간의 내적 욕망을 기술적으로 구현 가능한 환경에 도달했을 때, 그것이 비록 오이디푸스 콤플렉스를 상기시키는 근친상간 요소와 함께 죽은 자를 자식으로 되살린다는 (사회통념에 매우 반하는) 발상이라 하더라도 개개인이 어떤 선택을 할지는 여전히 미지수라는 점에서 깊은 고민을 던져 준다. 또한 음성화가 될 수 있어 국가가 이를 통제하기도 매우 어려운 영역이며, 최종 선택은 개인의 몫이기 때문에 끊임없는 사회적 갈등을 불

그림 6-1 자궁을 뜻하는 영화 〈움〉에서 복제한 연인이자 자식과 함께 사는 여자 주인공

러일으킬 것이다.

우리 사회에서도 실제 이와 관련된 뉴스를 종종 본다. 황우석 박사에게 거액을 맡기며 자신의 반려동물을 복제해 달라고 부탁하는 중동과 러시아 거부들의 사례가 그러하다. 중국에서도 반려동물 복제 기업인 시노진이 반려견 한 마리를 복제하는 데 6,200만 원을 책정하고 2018년부터 본격적인 서비스에 들어갔으며 당시 이미 예약 대기자가 수십 명에 달하는 것으로 알려졌다(한국일보, 2018). 게다가 이는 다른 선진국에서 드는 복제비용의 절반에 불과하다. 한 해 수십 조 원에 달하는 중국의 반려동물 시장 규모를 감안할 때, 앞으로

더욱 많은 고객이 복제동물 사업에 몰릴 수 있다는 이야기다. 이는 윤리적 문제를 떠나 나름의 규모 있는 비즈니스라고 할 수 있다. 그리고 반려동물을 키우는 사람이 아니더라도 의뢰인들의 심정을 조금은 이해할 수 있다. 흔히 펫로스 신드롬pet loss syndrome이라고 하는 정서적 장애는 반려동물을 잃고 매우 고통스러워하는 사람들의 마음 상태를 의미한다. 이런 아픔을 겪고 있는 사람들은 반려동물을 조금이라도 더 보고 싶은 마음에 순수한 의도에서 복제를 의뢰한다. 누구나 사랑하는 대상을 잃거나 헤어진 경험이 있기에 인류 보편적으로 공감할 수 있는 감정이라고 할 수 있다. 그런데 이것이 정말 옳은 일일까? 복제동물은 보통 체세포를 떼어내는 것부터 시작해 4~6개월가량이 걸리고 해외통관까지 거치면 총 9개월가량 걸려서 의뢰자가 받을 수 있는데, 이 탄생과정 속에서 매우 고통스러운 경험을 겪는 것으로 알려져 있다. 고통받는 시간이 오래 걸리지는 않지만 의도치 않은 아픔을 주게 되는 셈이다. 또한 복제동물의 건강상태 역시 아직까지 기술적으로 완벽하지 못하기 때문에 기대수명이 정상동물에 비해 짧은 편이다. 이런 측면에서 과연 윤리적 문제가 없다고 할 수 있을까?

여기서 한 걸음 더 나아가 만약 반려동물이 아니라 사랑하는 사람을 잃었을 때를 가정한다면 문제는 훨씬 복잡해진다. 이들의 상실감은 이루 말할 수 없을 것이다. 죽은 가족을 다시 복제할 수 있다고 한다면, 모두가 그렇지는 않겠지만, 대부분의 당사자는 윤리적 논란에 개의치 않고 아무리 돈이 많이 들더라도 시도할 가치가 있다고 여길 것이다. 과학계의 자체적 가이드와 선언이 유명무실해질 것이란 예상을 어렵지 않게 할 수 있다. 그런데 인간이 인간을 인위적으로 만들고 조작하는 일이 타당할까? 생명복제가 나름의 수요가 있는 비즈니스 시장이 될 것이라 하더라도 의뢰하는 사람과 연구 수행하는 사람 모두 진지한 고민과 성찰이 필요하다.

우선 사람을 만들어 낸다는 착상 자체가 거부감이 드는 것이 사실이다. 이를 국가적 차원에서 허용할 리도 없겠지만, 그렇게 되살아난 사람이 사회에서 어떻게 생활하고 자신의 정체성을 받아들이게 될지 불안정한 측면이 있다. 사람을 되살린다는 사고방식은 철저히 살아 있는 사람들 입장만을 반영한 일방적 선택에 불과하며, 새로운 생을 부여받은 사람에게는 고통이 될 수도 있다. 남들과 다른 삶을 살아야 하는 사실부터 받아들이기 힘들 것이며 더 짧은 수명을 살아야 한다는 것과 자신은 모르지만 이미 자기 자신이 한 번 죽었다는 사실 또한 납득하기 어려울 것이다. 그야말로 고통스러운 생이 될 수도 있다. 그럼에도 사랑하는 사람을 조금이라도 다시 보기 위해 불법적인 시도가 자행될 가능성이 크다. 또한 가족처럼 여

겨지는 반려동물의 복제가 합법화되는 시점에서 이미 인간복제에
대한 가능성도 커질 수 있다는 점을 매우 예의 주시할 필요가 있다.
관련 시장도 점점 커지고 기술도 발전하겠지만, 사회적으로 무척
민감한 이슈이자 국가의 규제 방향에 매우 큰 영향을 받을 분야라
고 할 수 있다.

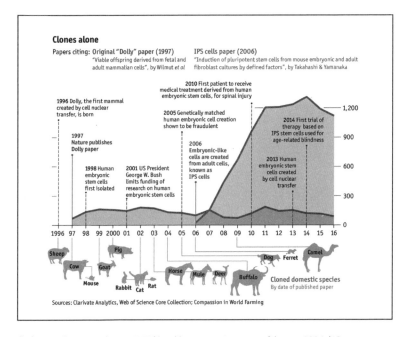

출처: https://issuu.com/mimimi989/docs/the_economist_europe_february_1824_/19

그림 6-2 복제동물의 탄생 역사. 포유류 세포에서 탄생한 생존 가능 자손인 복제 양 '돌리'
(1996)부터 낙타(2009)까지 나타났다. 2006년 이후에는 IPS(역분화줄기세포, 일명 만능줄기세포)를 활
용해 동물의 체내에서 인간의 질병 치료를 위한 장기생성 연구가 한창이고, 2014년에는 노화와
관련된 실명 치료를 위해 IPS 활용이 처음 시도되었다.

러브 앤 드럭스:
단순한 생명연장 이상의 의미, 제약바이오

에드워드 즈윅 감독, 제이크 질런홀·앤 해서웨이 주연의 영화 〈러브 앤 드럭스〉(2010)는 제약업계의 신입사원을 소재로 한 로맨틱 코미디물이다. 남자 주인공은 글로벌 제약사인 화이자의 영업사원으로 처음에는 좌충우돌하는 모습을 보이지만 남다른 패기와 빠른 계산으로 곧 업계에서 승승장구한다. 그 사이 여자 주인공과도 관계가 잘 풀리고 회사에서도 신약 비아그라를 출시하여 큰 인기를 얻는 등 모든 것이 만족스럽다. 자칫 겉모습만 보면 정상급 인기 남녀 배우 캐스팅에 바람둥이 설정, 둘 사이의 적당한 밀당과 사랑에 빠지기까지 웃음 가득한 자잘한 에피소드까지 전형적 할리우드 영화라고 생각할 수 있다. 그런데 영화를 보다 보면 약간의 반전이 있다. 진행이 잘되고 있다가 갑자기 한국식 막장 드라마 필수 요소인 여자 주인공의 불치병 전개가 나오는 것이다. 그것도 사랑하는 사람들에게 치명적이라는 파킨슨병을 앓는다. 이런 식의 신파극은 알츠하이머병을 앓는 여자 주인공과 이를 안타깝게 바라보며 묵묵한 헌신의 사랑을 하는 영화 〈내 머리 속의 지우개〉(2004)를 떠올리게 한다. 이런 영화들은 본인은 물론 사랑하는 사람의 괴로운 심정을

그림 6-3 영화 〈러브 앤 드럭스〉에서는 파킨슨병을 앓고 있는 여자 주인공이 연인에게 짐이 될 것을 두려워하며 이별을 고한다.

보여 주는 데 많은 장면을 할애한다. 이 영화에서 우리는 미래 사회와 어떤 연결고리를 발견할 수 있을까?

장면 하나. 사람들의 성생활 만족감을 더욱 극대화시킬 신약도 나오는 세상이지만, 운동장애에 이어 인지장애까지 발생하는 무서운 질병을 치료할 수 있는 약은 아직 개발되지 않았다. 60대 이상 노인 인구의 1% 정도가 발생하고 암이나 심혈관 질병처럼 생명을 빼앗을 만한 병도 아니지만 파킨슨병은 약물 치료 없이는 수명연장이 어렵고 우울증과 더불어 다양한 합병증을 일으킬 수 있다. 과거 파킨슨병 환자들을 대상으로 뇌절제술의 반복을 통해 흑질substantia nigra에서 도파민이 부족해서 생긴 문제라는 것을 알게 되었고, 레보도파levodopa처럼 획기적인 치료 효과가 있는 약물도 개발되었지만 아직까지 완치할 수 있는 치료제는 나오지 않았다. 레보도파 역시 복용 후 5년이 경과하면 내성이 생기거나 고혈압, 환각 등의 부작용이 발생할 수 있다. 그럼에도 1940년대에 이 약물이 개발된 이후 더 이상 진척이 없는 실정이다. 이유는 간단한데, 이 시장은 제약업계에서 볼 때 돈이 되지 않거나 전망이 좋지 않기 때문이다. 환자 입장에서는 레보도파나 도파민 효현제 등을 복용해서 병의 진행을 늦출 수 있기에 알츠하이머병보다는 상대적으로 덜 절박하다. 제약회사 역시 희귀하지도 않은 약을 비싸게 팔 수도 없을뿐더러 비아그라처럼 꾸준히 대량으로 소비되는 약도 아니기에 연구에 주력할 이유가 별로 없다. 신약 개발에 오랜 기간과 많은 비용이 들어가는 제약사에게 이런 선택은 합리적이다. 그래서 인류가 실질적으로 고통받는 질병과는 무관하게 엉뚱한 개선제가 종종 개발되고 곧이어 상용화되곤 한다.

미래 사회 역시 크게 다르지 않을 것이다. 기술이 계속 발달하더라도 모든 질병이 치료될 수 있는 날이 오기까지는 생각보다 더욱 많은 인내가 필요하다. 기술개발이 곧 질병 정복을 의미하는 게 아니라 다양한 경제적·정치적 이해관계를 거쳐야 하기 때문이다. 신

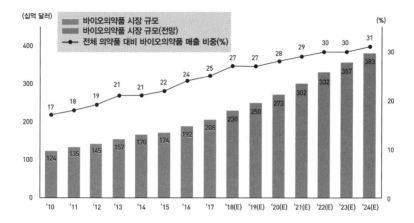

출처: Evaluate(2018), 한국바이오의약품협회(2018) 재인용.

그림 6-4 글로벌 바이오의약품 시장 규모 및 전망('10∼'24년). 일반 약품보다 연 매출성장률이 11% 더 높고 2020년 약 200조 원에 달할 것으로 예상된다.

약개발의 가장 큰 이유는 인간의 편의를 위해서가 아닌 비즈니스에 있다. 이런 묘한 대비가 이뤄지는 부분이 비아그라로 돈을 버는 남자 주인공과 파킨슨병으로 고통받는 여자 주인공이 결국 서로를 이해하지 못하고 헤어지려는 부분이다.

또 다른 장면 하나. 여자 주인공이 이별을 생각한 이유가 자신의 병 때문에 상대방이 짊어질 부담이 미안하기 때문이라고 밝힌다. 이 부담은 단순히 경제적 비용만을 의미하지 않는다. 알츠하이머병 만큼은 아니더라도, 파킨슨병 역시 심각해질 경우 상대를 알아보지 못하는 일이 생길 수 있다. 사랑하는 사람을 통째로 잊어버리고 함께한 추억이 모두 사라지는 경험은 인간이 겪을 수 있는 커다란 불행 중 하나이다. 따라서 이런 뇌 질환의 치료와 직간접적인 연관이 있는 인간의 뇌를 연구하는 일은 뇌 활용 분야와 더불어 매우 중요해질 수밖에 없다. 개별 약물의 개발은 각 시장 수요에 따라 차이가 있겠지만 기본적으로 뇌 과학Neuroscience 부분은 점차 인공장기화와 로봇에 대체되는 인간의 육체와는 달리, 인간을 대표하는 상징성과 각 개인의 정체성을 나타낸다는 측면에서 여전히 고유한 가치를 담고 있다. 인간의 뇌는 아직도 미지의 영역으로 전체 기능 중 활용 부분은 10%에 불과하다고 알려져 있다. 어떤 이들은 뇌 용량

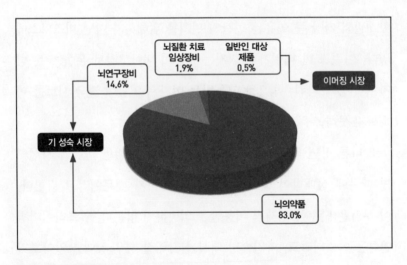

출처: 미래창조과학부(2016).

그림 6-5 뇌 관련 산업의 시장 점유율 현황(2014년 기준, 전체 204조 원 규모)

이 정해져 있는 것이 아니기 때문에 그만큼 뇌를 활용할 여지가 더 남아 있는 것으로 해석하는 편이 정확하다고 주장하기도 한다. 이런 주장 모두 뇌 활용의 무궁무진한 가능성을 나타낸다는 공통점이 있다.

영화 〈리미트리스〉(2011)와 〈루시〉(2014)의 사례처럼 인간의 뇌를 100% 활용한다면 단지 개개인의 삶이 나아지는 정도가 아니라 우리 사회 전반의 발전 속도가 급진적으로 달라질 수 있다. 전 세계 모든 사람이 아인슈타인이나 스티븐 호킹 같은 두뇌를 갖고 있다고 생각해 보자. 위대한 업적을 남긴 과학자들조차 뇌의 아주 일부분만을 사용했을 뿐이다. 정확한 수치는 아니지만 아인슈타인의 뇌를 부검한 결과, 일반인에 비해 추상적 사고에 연관된 전두엽 부분에 더욱 많은 주름이 잡혀 있었고 생전에 사용한 뇌 활용도는 15%를 넘지 않았던 것으로 추정된다. 이처럼 아직 연구할 주제가 산적해 있는 분야이므로 뇌 과학 연구자는 앞으로도 전도 유망할 것으로 보인다.

빅 히어로:
사물인터넷IoT과 친구 같은 로봇 의사

다니엘 헤니 등이 목소리를 맡은 돈 홀 감독의 디즈니 애니메이션 〈빅 히어로〉(2014)는 귀엽고 입체적인 캐릭터들의 대활약을 그린 히어로물이다. 캐릭터 중에서 가장 압권은 마치 마시멜로를 연상시키는 인형 같은 외모와 거대하고 뚱뚱한 체구의 베이맥스이다. 이 캐릭터는 AI 로봇인데, 전투에 무척 능한 면모도 보이지만 기본적으로는 사람의 건강상태를 수시로 진단해서 이를 바탕으로 치료까지 할 수 있는 의료용으로 개발되었다. 베이맥스는 궁극적으로 IoT가 나아갈 방향을 기대하게 한다. 기계(사물)가 사람(또는 사물)의 상태(정보)를 읽고 그의 니즈를 파악해서 적절한 처방(서비스)을 제공하기 때문이다. 더욱이 소년이 마음속에 감추어 두었던 아픔마저 따뜻하게 감싸 줄 수 있는 AI의 탑재라는 점에서 IoT의 긍정적 효과를 보여 주기도 한다. 단순히 사람의 물리적 욕구를 도와줄 하드웨어 기술 외에도 감성의 시대에 어울릴 소프트웨어 기술을 이용해 정서적 욕구를 충족시킬 수 있기 때문이다. 이 부분은 향후 AI 개발 분야와의 필연적 융합연구 대상이라고 할 수 있다. 홀로 지내는 노인의 건강상태를 체크하고 그들의 말벗과 수족이 되어 줄 가사도우

표 6-2 IoT의 정의

구분	정의
한국인터넷진흥원 (KISA, Korea Internet & Security Agency)	고유하게 식별 가능한 사물이 만들어 낸 정보를 인터넷을 통해 공유하는 환경
위키피디아(Wikipedia)	사물에 센서나 데이터 취득이 가능한 구조의 인터넷을 연결한 기술
국제전기통신연합 (ITU, International Telecommunication Union)	모든 사물에게까지 네트워크 연결을 제공하는 네트워크의 네트워크

미 로봇, 심리적 좌절이나 사고로 인한 후유증을 앓고 있는 이들을 위한 상담 로봇, 아침 날씨에서부터 출근길 정보, 업무 확인, 일정 약속 등 실시간 맞춤형 개인정보를 전달하는 비서 로봇 등이 모두 대상자가 접촉하거나 관심 있어 하는 외부 사물과 사람과의 관계 정보를 바탕으로 더욱 적합한 서비스를 제공할 수 있기 때문이다.

따라서 IoT는 그 자체로도 4차 산업혁명의 핵심적 요소인 초연결성에 맞닿아 있다. 구체적으로 IoT란 인터넷을 기반으로 사람과 사물을 포함해서 사물과 사물 간의 관계까지 모든 연결 정보를 상호 소통하는 지능형 기술 서비스로 정의된다. 이때 정보 교류는 사람, 사물, 데이터 등 모든 객체의 정보가 생성되고 수집된 후 공유·활용되는 구조로 이뤄진다. 자연스레 생활 속 사물들을 유무선 네트워크로 연결해 정보를 공유하는 '네트워크 환경'과 각종 사물에 센서와 통신 기능을 내장해서 인터넷에 연결하는 '하드웨어' 기술이 중요하게 작용한다.

　IoT의 주요 요소는 크게 사용자, 서비스, 사물이라는 세 가지 차원으로 나눌 수 있고, 이런 요소에 관련된 핵심 기술은 센서, 디바이스, 네트워크 및 보안, 표준화, 서비스 등 다섯 가지 차원으로 나눌 수 있다. 구체적으로 센서는 고성능화, 소형화, 다기능화, 저전력화를 들 수 있고, 디바이스는 개방형 하드웨어, 개방형 소프트웨어를 들 수 있다. 네트워크 및 보안은 저전력화, 장거리 통신, 낮은

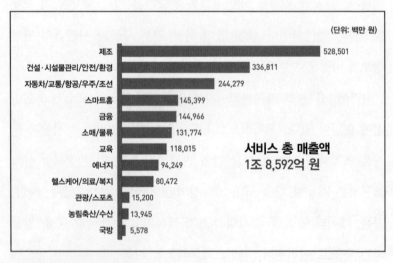

출처: 과학기술정보통신부(2019).

그림 6-6 2018년 IoT 서비스 분야별 매출액 현황

비용, 안정성, 보안성을 들 수 있고, 표준화는 공유성, 호환성을 들 수 있다. 마지막으로 서비스는 오픈 API, 클라우드, 애플리케이션을 들 수 있다. 이런 요소와 기술이 서로 유기적으로 연결될 때 시너지 효과가 발휘된다. 아울러 향후 IoT는 홈 네트워크와 연동되어 이론상으로는 새로운 비즈니스 모델을 무한대로 파생할 수 있다. 예컨대 집에서 쓰는 AI 스피커나 냉장고 디스플레이 등에 광고가 붙는 식이다. 개개인의 취미와 라이프스타일이라는 빅데이터와 연동해서 다양한 형태의 신시장이 창출될 전망이다.

〈빅 히어로〉의 또 다른 시사점은 헬스케어 기기에 대한 전망이다. 베이맥스는 다친 사람을 치유하기 위한 의료용으로 집에서도 쓸 수 있게끔 개발되었다. 우선 베이맥스의 기능을 살펴보자. 그가 어떤 헬스케어를 해 줄 수 있는지는 애니메이션을 통틀어 세 번 정도 나온다. 첫 번째는 가벼운 찰과상을 입은 주인공 소년을 위해 자체 파스를 분사하는 장면이다. 스토리 전개상 생략된 부분도 있겠지만, 고급 치료 기능이 많이 달려 있지는 않은 것으로 보인다. 작품 설정상 아직 프로토타입이고, 모든 질병과 응급상황에 대비해 치료 기능과 장비를 가정용 로봇에 탑재하려면 비용이나 물리적 한계 등이 수반되기 때문이다. 그보다는 예방과 진찰에 목적을 두고 있다고 보이는데, 그중 대표적인 기능은 두 번째로 살펴볼 전신 스캔 기능

그림 6-7 〈빅 히어로〉에서 주인공의 상실감을 치유해 주려고 주인공에게 스킨십을 하는 베이맥스

이다. 베이맥스가 사람들을 스캔하는 장면에서 그가 수집한 3D 자료에는 인간의 혈액형, 감정상태, 바이오리듬 등이 자동으로 저장되고 분석된다. 이를 통해 상대방의 건강상태를 정확하게 진단하고 조치를 취할 수 있다. 물론 자체 메모리 안에 수많은 질병에 대한 데이터베이스가 기본적으로 깔려 있어야 한다.

베이맥스의 세 번째 헬스케어 장면은 주인공을 안아 줌으로써 정서적 안정을 유도하는 부분이다. 베이맥스는 인간을 위해 만들어졌기 때문에 어떤 상황에서나 인간을 위해 최선의 선택을 할 수 있도록 알고리즘이 짜여 있다. 이 효과가 빛을 발하는 장면이 몇 있는데, 주인공 소년이 형을 죽인 범인에 대한 분노로 이성을 잃고 의

그림 6-8 베이맥스가 주인공에게 아픔의 정도를 숫자로 알려 달라고 말하는 장면

료용이 아닌 공격용 메모리카드를 삽입하려고 하자, 주인의 명령에 불복하며 본체 메모리카드를 반납하지 않는 장면이 그중 하나이다. 그러고는 생전의 형이 로봇 베이맥스를 만들며 많은 밤을 새는 열정적 모습이 담긴 영상을 리플레이함으로써 주인공의 마음을 차분히 가라앉히는 역할을 한다. 특히 물질 이동이 가능한 3차원의 시공간에서 발견된 조난 구조를 포착하고 사람을 구하러 가는 장면은 압권이다. 조난자를 구한 이후, 다시 본래의 공간으로 귀환하려 하지만 여의치 않게 되자 자신을 희생하며 주인공과 조난자만을 떠나보내는 부분이 그러하다. 여기서도 함께 떠나자는 주인공의 부탁을 거절하며 자체적인 판단을 하는데, 결과는 성공적이었다. 누 사

람은 목숨을 구했고, 베이맥스도 직전에 메모리카드를 건넨 덕분에 일종의 부활을 할 수 있었다. 여기서 인간의 명령을 무시하는 AI가 정상적으로 작동한 것인가 하는 문제는 둘째로 치자. 애초에 주인의 명령보다 상위의 개념으로 '널리 인간을 이롭게 하라'는 홍익인간 같은 대명제가 전제되어 있을지도 모르기 때문이다. '로봇 3원칙'에 위배되지 않는다면 이 행동은 결국 효율적이고 친인간적인 행동으로 박수받아야 마땅하다. 물론 생각하는 로봇은 때로는 부작용이나 첨예한 갈등을 또 다른 형태로 낳을 수 있어서 위험한 측면도 있지만, 그럼에도 의료용 AI는 인간생활에 시사하는 바가 크다.

우선 사람들의 육체적 건강상태가 크게 개선될 것이다. 우리는 막대한 예산이 들어가는 의료보험 체계를 얘기할 때, 궁극적인 개선책은 시민들이 스스로 건강해지도록 만드는 것임을 알고 있다. 베이맥스는 의사가 아니며 애초 모든 질병을 치유할 수도 없는 상황이다. 베이맥스를 최상으로 활용하는 방법은 곁에 두고 언제 어느 때나 사용자의 건강을 체크하는 것이다. 문제가 생긴다면 AI의 지시대로 병원과 의사를 찾아가 진료와 처방을 받으면 된다. 따라서 문제가 생기고 병원을 찾을 확률보다 사전에 문제를 제거하고 예방하는 형태로 의료 시스템이 바뀔 가능성이 높다. 이는 쿠바의 '가정의제도'와 본질적으로 유사하다.

그림 6-9 하늘의 거대 애드벌룬 위에 함께 앉아 있는 주인공과 베이맥스. 사람이 아닌 의료용 AI 로봇이지만, 정서적으로 깊은 유대감이 형성된 관계 속에서 주인공은 형을 잃은 트라우마를 극복하고 사람들을 정상적으로 만날 수 있게 된다.

다음으로는 사람들의 정신적 건강상태가 향상될 것이다. 누구나 울고 싶을 때가 있고, 마음이 아플 때가 있다. 사람은 아니지만 사람처럼 생겼고, 표정은 없지만 무슨 이야기를 해도 동요하지 않고 무표정하게 받아들이는 모습에서 오히려 신뢰감을 가질 수도 있다. 매번 정신과 의사를 찾아가기에는 시간과 비용 면에서 부담이 될 수 있는데, 베이맥스의 친근한 외모와 넉넉한 품에 안겨 깊은 고민을 후련하게 털어놓는다면 스트레스와 아드레날린, 외로움, 우울증 같은 감정적 수치들이 하락할 것이다. 베이맥스 역시 인간의 감정 상태를 수시로 확인할 수 있고 적절한 심리치료와 말농부를 통해 완화하는 능력이 탑재되어 있다. 이는 다가올 미래 사회에서 가정용 AI 로봇의 다양한 쓰임새를 단적으로 보여 주는 예라고 할 수 있다.

만화적 상상력이 당장 현실화되기는 어렵지만 AI를 활용한 진단 기술 등은 이미 선진국을 위주로 도입되고 있다. 예컨대 의학 전문지 네이처메디신에 실린 논문에 따르면, 알파고를 개발한 구글 딥마인드는 997명의 환자를 대상으로 자체 개발한 안과 진단용 AI와 영국의 안과의사 8명과의 진단결과를 비교했는데, AI는 오진율이 5.5%인데 반해 의사 그룹은 6.7~24.15%로 나타났다(파이낸셜뉴스, 2018). 오진율이 낮을 뿐만 아니라 진단 대기시간이나 진단 비용 등도 의사 그룹에 비해 대폭 감소함에 따라 충분히 시장성이 있다고 판단된다. 국내에서도 길병원, 부산대학교병원 등이 IBM의 의료용 AI '왓슨'을 도입해서 암 진단과 유전자 분석 등에 활용하는 것으로 알려져 있다. 다만 의사의 진단과 거의 동일하게 나온 일치율이 높은 질병이 있는 반면, 10%대에 불과한 질병도 있어 전체적인 표준 상향화가 시급하며 아직까지는 보조적 수단에 머물러 있다는 평가를 받고 있다. 또한 병원에서 이런 기술 도입에 적극적인 이유가 환자의 편익을 위해서라기보다 인건비를 절감하기 위한 비즈니스적 접근이 크기 때문에 향후 의사들의 반발이 예상되는 등 풀어야 할 숙제도 많다. 이런 난관을 극복하기 위해서는 다양한 질병 사례와 환자정보를 수집하도록 돕는 일(질병데이터 수집가), 정확한 질병 분류와 처방을 돕는 일(의학통계 전문가, 의학알고리즘 개발자, 각종 질병 스캐너 엔지니어 등), AI를 활용한 원활한 진단과 보험심사를 돕는 일(건강보험심사평가원 등 공공기관의 AI 심사청구판단 알고리즘 개발자, 민간보험사의 AI 보험처리 알고리즘 개발자 등) 등이 더욱 확대되고 개선될 필요가 있다.

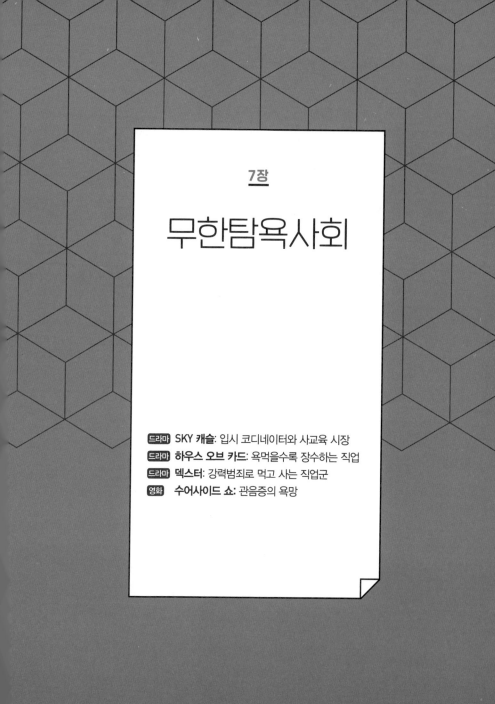

7장

무한탐욕사회

드라마 **SKY 캐슬**: 입시 코디네이터와 사교육 시장
드라마 **하우스 오브 카드**: 욕먹을수록 장수하는 직업
드라마 **덱스터**: 강력범죄로 먹고 사는 직업군
영화 **수어사이드 쇼**: 관음증의 욕망

표 7-1 무한탐욕사회 관련 작품에서 언급한 직업에 대한 전문가 전망(5점 척도 평균값, n=10)

전망 점수	직업	평균값
5점(매우 높음)	국립과학수사연구원 연구자	4.4
	입시 코디네이터	4.1
4점(높음)	범죄 프로파일링 전문가	3.9
3점(보통)	인간 정치인	3.8
2점(낮음)	광역수사대원	3.5
1점(매우 낮음)	민간조사원(탐정)	3.2
	AI 정치인 개발자	3.2

SKY 캐슬:
입시 코디네이터와 사교육 시장

지난 2018년 11월부터 2019년 2월까지 JTBC에서 방영된 드라마 〈SKY 캐슬〉은 한국의 입시교육 병폐와 상류층 대상의 사교육 시장을 적나라하게 보여 준 블랙 코미디이다. 이 작품은 4차 산업기술과 연관은 거의 없지만 미래 교육시장과 직업군과 관련해서 중요한 힌트가 있다. 먼저 이 드라마는 최고 시청률 23.8%를 기록하며 장안의 화제가 되었는데, 가장 큰 이유는 일반 서민들은 알지 못했던 상류사회의 자녀교육이 어떤 식으로 이뤄지는지를 현실감 있게 보여 주고, 그 안에서 발생하는 엄청난 비용, 불법적 요소, 권력욕 등이 복합적으로 작용하는 대한민국의 작은 축소판으로서 이를 적절히 비꼬았기 때문이라고 생각한다. 특히 이 드라마에서 주목할 부분은 '입시 코디네이터'라고 부르는 직업군의 발견인데, 이는 대치동을 비롯한 강남권 학부모의 음성적 수요가 이미 오래전부터 있었고, 새로운 가상의 직업군을 드라마에서 만들었다기보다는 기존 직업에 정식 명칭을 부여해 재조명했다는 것이 적합해 보인다.

입시 코디네이터가 문제가 되는 부분은 기본적으로 우리 사회의 공교육 시스템을 신뢰하기 어렵고 사교육 없이는 소위 말하는 스카이 대학에 들어갈 수 없다고 여긴다는 전제가 깔려 있기 때문이다. 이는 반대로 사교육 시장이 원활히 돌아가도록 만드는 원동력이기도 한데, 입시 코디네이터가 우수 인재가 필요한 학교와 우수 인재를 연결하는 학습 매니저로서 긍정적 효과도 있음을 생각해 볼 수 있다. 그러나 입시 코디네이터의 1회 지도 비용(분당 5천 원~1만 원, 1회 30분~1시간)이 일반 학원의 한 달 학원비와 비슷하다는 의견이 제기되면서 결과적으로 부의 대물림을 학벌로 공고화하는 것이 아니

그림 7-1 드라마 〈SKY 캐슬〉의 포스터. 이 프로그램을 제작 지원했다며 전원 서울대 출신 강사로 구성되었다는 강남의 한 입시 코디 업체가 〈SKY 캐슬〉 포스터를 활용해 광고를 내보내기도 했다. 드라마는 이런 비정상적 사교육 시장을 비판하려는 의도가 있었으나 관련 업체들은 오히려 홍보의 기회로 삼았고, 드라마 속 1인용 '예서 책상'(스터디 큐브)이 주문 폭주하는 등 현실은 계속 나아지지 않고 있다.

냐는 논란이 발생했다. 비용의 과도함 여부는 둘째 치고, 상위권 대학을 목표로 하는 학생들은 어렸을 때부터 체계적으로 지도를 받으면서 포트폴리오를 만들어 간다는 점에서 중학교 시절부터 꾸준히 입시 지도를 받을 형편이 되는 학생이 얼마나 되겠느냐는 질문이었다. 이는 또 다른 방식의 '사다리 걷어차기'라는 타당한 문제 제기라고 할 수 있다.

드라마가 극적 재미를 위해 다소 과장되었을 수 있음을 감안하더라도 강남권을 중심으로 하는 사교육 시장은 입시 코디네이터의 활약 없이는 굴러가기 힘든 게 사실이다. 궁극적으로는 좋은 대학에 합격하는 것이 목표이므로 이 직업군을 편의상 입시 코디네이터라고 하지만, 그 안의 역할들은 세분화되어 있고 다양한 편이다. 우선 과목별로 각각 과외 선생님이 있다. 이들은 상위 대학 출신임은 물론, 현직 교수에서부터 전문직 공무원까지 해당 분야의 시험문제를 실제 관리 감독하거나 출제한 경험이 있다. 이런 사람들일수록 과외비가 올라가는 것은 당연하다. 얼마 전 스타강사로 유명한 몇몇 사람들이 금융감독원 직원이거나 수도권 소재 사립대학 교수로 밝혀져 겸직금지 의무를 위반하고 신분을 속인 채 10년간 강사로 활동해 온 사실에 도덕적 문제가 야기된 바 있다. 또한 고등학생들의 창의적·자발적 연구능력을 향상시키겠다는 취지의 청소년 소논문제도Research & Education, R&E 코디네이터가 있다. 이 역시 일반 서민 가정에서는 부담스러운 가격이지만 강남권은 사정이 다르다. 애초에 혼자서 논문을 써 본 적도 없고 논문을 쓰는 것에 관심도 없던 고등학생 자녀들을 좋은 대학을 보내기 위해 돈 있는 집안의 학부모들이 사교육 시장을 두드린다. 그 밖에 대학 면접에 대비하기 위한 코디네이터, 자기소개서를 스토리텔링해서 멋들어지게 만들어 주는 코디네이터 등 담당별로 전문화되어 있다. 이들은 강남 학원가에 프리랜서 등으로 등록되어 필요시 학원이 수수료를 받고 매칭해 주는 형태로 운영된다.

그렇다면 교육에 대한 과도한 갈망은 언제까지 이어질까? 흔히 사회경제가 어려울수록, 또는 사회변화가 너무 빨라 미래 사회가 불투명할수록 교육에 투자하라고 얘기한다. 이는 귀담아들을 만한 내용이다. 유엔 산하기관이나 구호단체들도 개발도상국을 도와줄 때, 근본적으로 물고기를 잡아 주기보다는 잡는 방법을 알려 주고자 노력한다. 학교를 짓고, 교보재를 제공하며, 아이들이 먹고살기 위해 일하는 시간 대신 잠시라도 학교에 나올 수 있도록 부모를 설득하는 일 등이 그것이다. 교육받은 시민은 사회구조 자체를 변혁시키기 위해 공익적 일들을 더 많이 효율적으로 실행할 가능성이 높고, 이들 스스로가 교육을 통한 삶의 변화를 느꼈기 때문에 다음

세대를 위한 교육 투자에 적극 나서기 때문이다. 국내 메세나협회의 경우에도, 과거에는 기업들이 복지 부문에 절대적인 후원을 했으나, 최근에는 교육 부문이 후원 규모 2위까지 올라왔고 기업의 후원 담당자들에게 가장 관심이 많은 분야 1위를 차지하는 등 교육의 가치가 지니는 미래지향적 비전의 역할에 공감하는 분위기이다.

우리 사회는 경제가 어렵고 변화의 속도가 빠르다는 점에서 두 가지 모두에 해당된다. 2018년 1인당 국민총소득GNI이 3만 달러를 넘어섰고, 이는 인구 5천만 명 이상인 국가 가운데 일곱 번째에 해당하는 대단한 성과임과 동시에 선진국 여부를 판정하는 기준이기도 하지만 체감상 국민들은 경제가 어렵다고 느끼고 있다. 대표적으로 2018년 4분기 소득분배를 보면 안정된 일자리가 있는 중산층은 더욱 돈을 벌고, 아예 일자리를 잃어버린 극빈층이나 파산신청을 하게 된 자영업자층은 더욱 가난해짐에 따라 역대 최고 격차가 벌어졌다. 또한 고용통계에서 실업률은 3.8%로 17년 만에 가장 높았으며, 특히 청년 실업률은 8.9%로 신규 일자리가 감소하고 있음을 알 수 있다. 여기에 2018년도 합계출산율은 0.98명으로 자체 존속이 불가한 상태를 더욱 강화하고 있으며, 자살율은 OECD 국가 평균의 약 2.5배로 부동의 1위를 십년 넘게 지키고 있다. 물론 여기에는 여러 원인이 있으며 영국, 프랑스 등 해외 선진국들도 전 세계 경기침

체에 따라 4만 달러의 국민소득이 다시 3만 달러대로 주저앉았으며 미국과 중국의 파워게임에 따른 중국의 연착륙, 미국의 소비둔화 등 복잡다단한 국내외 환경변수가 많다. 다만 우리나라의 경우, 기술발달에 따른 역동성이 가미되어 사회발전이 다른 나라들에 비해 굉장히 빠른 편이고 이런 '다이내믹 코리아'가 정부지원, 기업투자, 국민혜택으로 이어지는 선순환이 아니라 특정 부의 편중과 대물림으로 이어지고 있다는 것이다.

따라서 미래 사회는 점점 복잡해지고 전망하기 힘들어지는 데다가 삶은 갈수록 팍팍해지고 소득은 그대로거나 줄어들었다는 생각마저 든다. 대학교를 졸업한 청년들이 취업 대신 대학원에 울며 겨자먹기 식으로 진학하는 비율이 높아지는 것 역시 더 나은 직업 선택을 위한 합리적 결정일 수 있으나 이런 불안심리를 반영한 도피처로 해석할 수도 있다. 게다가 우리 사회는 과거부터 학벌 중심의 체계가 공고히 이루어진 탓에 이런 고정관념을 깨지 않으면 아무리 공교육을 높이더라도 근본적으로 사교육은 쉽사리 잡히지 않을 것이다. 이는 약 80%에 이르는 대학 진학률에서 알 수 있는데, 캐나다, 일본 등 대학 진학률이 우리나라 다음으로 높은 국가들이 약 60%, 유럽의 경우 약 40%라는 점에서 다른 선진국에 비해 무척 높은 수치이다.

표 7-2 학교급별 사교육비 총액 (단위: 억 원, %)

구분	명목			실질*		
	2018년	2019년	증감률(%)	2018년	2019년	증감률(%)
전체	194,852	209,970	7.8	184,013	194,470	5.7
초등학교	85,531	95,597	11.8	80,774	88,540	9.6
중학교	49,972	52,554	5.2	47,193	48,675	3.1
고등학교	59,348	61,819	4.2	56,047	57,255	2.2

* 실질: 학원 및 보습교육 소비자 물가지수 반영
출처: 교육부(2020).

표 7-3 1인당 월평균 사교육비 지출금액별 분포 (단위: %, %p)

구분		받지 않음	10만 원 미만	10~20 만 원 미만	20~30 만 원 미만	30~40 만 원 미만	40~50 만 원 미만	50~60 만 원 미만	60~70 만 원 미만	70만 원 이상
전체	2018년	27.2	7.8	13.8	12.0	9.9	8.3	6.4	4.7	9.9
	2019년	25.2	6.8	13.4	11.8	10.2	8.6	7.2	4.9	12.0
	전년차	-2.0	-1.0	-0.4	-0.2	0.3	0.3	0.8	0.2	2.1
지역	서울	20.0	5.8	10.5	9.1	9.1	7.9	7.9	6.3	23.4
	광역시	25.0	6.9	13.6	12.3	10.3	9.0	7.2	4.6	11.1
	중소도시	23.7	6.5	13.4	12.1	10.4	9.3	7.7	5.4	11.4
	읍면지역	35.5	8.5	16.0	12.7	10.2	6.5	4.7	2.2	3.7

출처: 교육부(2020).

반면 취업률은 대학 진학률과 거꾸로 가고 있다. 대학을 통해서만 사회에 기여할 수 있는 일꾼이 될 수 있고, 대학을 나와야만 교양 있는 사람으로 보는 시각에서 탈피해야 한다. 그러기 위해서는 고졸 출신으로 성공한 기업가 모델이 많이 나와야 하고, 서비스 직군의 사회적 안전망과 일자리를 늘려야 하며, 대학의 체계를 이원화해서 연구 분야와 직업교육 분야로 특성화시키는 방안이 필요하다. 80%대의 취업률을 보이는 폴리텍대학이나 95%의 취업률로 전국 1위를 자랑하는 농협대 등을 참고할 필요가 있고, 그 밖에 항상 부족한 일손으로 꼽히는 간호계열, 항공계열, 군사계열, 보육교사, 경찰 및 소방직 공무원 등 사회적 필요를 감안해 대학들의 교육역할 분담이 필요하다. 예컨대 로스쿨의 경우, 현대판 음서제라는 비판을 받기도 하고, 매년 변호사시험 합격률이 낮아짐에도 시험 응시 기회를 5회로 제한하는 등 정부가 인위적 공급 조절에 나서고 있음에도 여전히 인기가 높다. 편중된 전공 지원을 완화해서 일자리 미스매치를 개선할 필요가 있다.

교육부의 대입 수시전형 비중에 대한 적절성을 묻는 설문(2018년 실시한 대입제도 공론화제도 시민참여단 설문조사)에서도 좋은 의도로 도입되었지만 수시 모집 비율을 줄이고 정시 비중을 높여야 한다는 의견이 훨씬 많았다. 이를 감안할 때 무한경쟁에 지친 대부분의 학생·학부모는 수시전형이 불공정하고, 그나마 수능이 모두에게 기회를 준다고 생각하는 것으로 보인다. 온 나라를 떠들썩하게 만들었던 전 법무부 장관의 자녀 입시 의혹은 이런 생각을 부채질했다. 외고 학생이 단 2주 인턴기간만으로 의대 논문의 제1저자가 된 부분이나

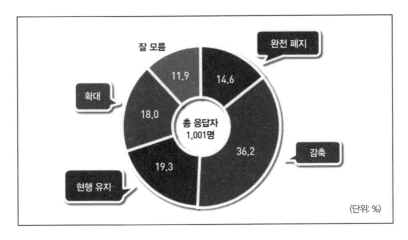

출처: 사교육걱정없는세상(2018).

그림 7-2 현행 학생부 종합전형의 비중에 대한 국민인식. 시민단체인 사교육걱정없는세상이 리얼미터에 의뢰해 전국 만19세 이상 성인남녀 1,001명을 대상으로 실시한 조사결과

이후 의전원에 편입학하고 전액 장학금을 받는 과정 등이 국민들의 눈에는 그렇게 공정하게 보이진 않았던 것 같다. 야당 측 의원도 마찬가지로 유사한 사례가 있어 구 자유한국당의 전 원내대표는 자녀의 S대 부정입학, 고등학생 아들의 방학 때 서울대 연구실 사용특혜 및 의학논문 저자 등록 등의 논란이 있었고 이와 관련해 시민단체로부터 고발당하기도 했다.

다만 지금은 교육부가 자꾸만 무언가를 내놓고 실패와 부작용만 키울 게 아니라, 기존의 교육 체계를 큰 틀에서 조금씩 가꾸어 나가는 선에서 사회적 변화와 대학가의 동참을 이끌어 낼 필요가 있다.

그렇지 않고 모두 의무적으로 대학에 진학해야 하는 것처럼 여기는 사회 구조에서는 입시 코디네이터가 계속 활약하는 걸로 모자라 아예 공교육에서도 정식으로 코디 과목을 배정해서 교사를 임용하게 될지도 모른다. 흔히 교육은 백년대계라고 하는데, 교육 전문가 출신도 아닌 국회의원이 교육부장관을 맡거나, 여론에 떠밀려 일희일비하는 포퓰리즘 식의 정책 발표는 지양해야 한다. 예컨대 대통령 직속 산하기구로 대입연구위원회를 만들어 입시제도를 비롯해 인문교양 과목의 축소, 학생정원 감소와 외국인 유학생 선발, 산학협력단의 기업 및 지역사회 연계발전, 십 년째 동결된 등록금 조정, 시간강사 처우 개선, 전문대 및 직업대학의 변별력 확보, 지방대 통폐합과 거점대학 장기육성 등 중요한 이슈들을 해결할 수 있어야 한다. 지금의 교육부는 코로나19 사태에 따른 개학 연기와 순차적 개학, 학사 일정 조율 등을 해결하기에도 굉장히 벅차 보인다. 교육부의 역량이 부족해서라기보다도 이런 이슈 하나하나가 우리 사회에서 굉장히 첨예한 갈등을 야기하면서 향후 미래 사회에도 지속적인 영향을 끼칠 만큼 파급력이 크기 때문이다.

하우스 오브 카드:
욕먹을수록 장수하는 직업

마크 저커버그의 페이스북 창업기를 다룬 영화 〈소셜 네트워크〉 (2010), 스콧 피츠제럴드의 동명 소설을 원작으로 한 〈벤자민 버튼의 시간은 거꾸로 간다〉(2008) 등으로 유명한 데이비드 핀처 연출의 〈하우스 오브 카드〉는 2013년 시즌 1부터 2018년 시즌 6으로 마침표를 찍을 때까지 큰 인기를 누린 넷플릭스 오리지널 드라마이다. 케빈 스페이시의 성추문 사건으로 유명세를 타기도 했다. 오바마 전 대통령도 즐겨 본다고 했던 이 드라마는 백악관의 권모술수를 배경으로 하는데, 대통령이 되기 위한 정치인의 추악한 권력 욕망과 그 자리와 권위를 지키기 위해 똑같은 위선자가 되어 가는 영부인의 모습을 현실적이고 세밀하게 묘사해서 극찬을 받았다. 실제 백악관에서 근무한 이들이 시나리오에 참여해서 완성도를 높였다는 점도 시청률을 높인 결과라고 생각된다.

이 드라마의 가장 큰 흥행 요인은 현실적인 연출과 더불어 주연 배우의 연기력에 있는데, 가장 매력적인 배우는 남자 주인공 케빈 스페이시이다. 우리에게는 여고생 딸의 친구에게 잘 보이기 위해 운동을 하던 중년 남자(아메리칸 뷰티), 영민한 누뇌보 은행털이 등 완벽한 범죄를 실행하는 범죄자 모임의 리더(베이비 드라이버), 자신이 외계에서 왔다고 주장하지만 실은 가족을 잃은 슬픔에 기억상실에 걸린 불쌍한 아빠(케이 팩스) 등의 역할로 잘 알려져 있다. 케빈 스페이시의 인성에 대한 부분은 잡음이 많고 논란의 대상이 되고 있지만 연기 측면에서는 이 드라마의 나름 성공 요인인 셈이다. 〈하우스 오브 카드〉에서 케빈 스페이시가 연기한 인물은 전형적인 권력지향형 인물로 하원의원에서 부통령으로, 부통령에서 대통령으로 모든 수단을 가리지 않고 오로지 출세를 위해 일신을 움직이는 입지전적 인물로 그려진다. 재미있는 사실은 이 드라마를 보면서 느끼는 중요한 쾌감 중 하나가 주인공을 욕하기 위해서, 또는 욕하는 재미로 본다는 점이다. 그가 욕을 먹는 이유는 구태 정치의 표상이기 때문이다. 직업으로서 정치인은 매력이 없어 보인다. 한번 살펴보자.

우리 사회에서는 대부분의 국민들이 정치인과 거대 양당 정치에 신물이 난 상태이다. 정치 혐오를 불러일으키며 인기를 구걸하듯 얻는 몇몇 정치인들 탓에 정치인의 전체적인 이미지는 일 안하고 항상 싸움만 하면서 월급은 꼬박 타가는 직업으로 비쳐진 지 오래이다. 간혹 카리스마나 리더십, 공감능력, 좋은 정책을 내세우는 정치인들도 있으나 선거철에 따라 정치적 철학이나 신념, 정당 등

을 바꾸거나 비리 사건에 연
루되면서 구속되는 등 이들
의 인기는 오래 가지 못할 때
가 많다. 정말 순수하고 영민
한 정치인들도 나타나 많은
이들에게 도움이 되는 정책
들을 발의하기도 하지만, 사
실 소수의 부와 권력을 움켜
쥔 압력집단에 의해 무산되어
결국 제정까지는 가지 못하는
경우가 허다하다. 따라서 국

그림 7-3 잠들지 않는 권력의 속성과 정치인
캐릭터의 특징을 잘 보여 주는 〈하우스 오브
카드〉의 포스터

민들 눈에는 좋은 정치인들은
설 곳이 없고 나쁜 정치인들만 판치는 곳처럼 보이는 게 우리나라
의 국회의사당이다. 정말 불명예스러운 일이지만 네티즌들이 흔히
하는 말로 부패하고 무능해서 AI가 가장 시급히 도입되어야 할 집단
으로 국개(국회의원의 비하어), 판검새(판검사의 비하어), 기레기(기자의 비
하어)를 꼽는 것도 이와 무관하지 않다. 청와대 신문고에도 정치인,
판사, 갑질 CEO 등을 AI로 대체하자는 청원이 올라온다. 그런데 현
실은 네티즌들의 바람과는 달리 정치인은 AI에 대체될 확률이 낮은,

가장 안전한 직업군의 하나로 분석되고 있다. 예컨대 《김대식의 인간 vs 기계》의 저자 카이스트 김대식 교수는 AI에 대체되기 어려운 직업으로 판사나 국회의원 등 사회적 주요 결정 직업, 인간 심리와 감정 관련 직업, 새로운 정보 창출 직업(예술가 등) 등을 꼽았다. 뉴질랜드에서는 지난 2017년 세계 최초 AI 정치인 샘SAM이 등장했고, 이 여성형 AI는 심지어 2020년 총선에 출마한다는 목표를 갖고 있다. 그럼에도 정치인의 AI화는 정말 어려운 걸까? 왜 그럴까?

먼저 정치인이 입법 권한을 갖춘 집단이라는 점을 이해할 필요가 있다. 이들은 자신의 이익에 방해가 될 것 같은 제도 도입에 적극적으로 나설 확률이 적다. AI에 의한 법 제정은 부작용이 많을 것이며 그 결과를 책임질 수도 없으므로 위험하다고 주장할 것이 당연하다. 만약 여론이 악화되면 부분적 도입을 검토해 보겠다는 원론적 정도의 합의를 국회 내에서 발표하고 실제 도입은 차일피일 미룰 가능성이 크다. 원천적으로 스스로에게 불이익이 될 AI의 활성화를 차단하는 셈인데, 사실 이 주장은 일견 맞는 부분도 있다. 예컨대 AI에 의한 법 제정이 막대한 사회적 부작용을 낳게 될 경우, 이런 사태를 또 다른 AI에게 맡길 것인지, 아니면 인간이 별도로 모니터링과 수습을 할 것인지 등 아직은 겪어 보지 못한 상황과 변수가 많기 때문이다. 그러나 이는 결과적으로 정치인들의 밥그릇 지키기를 한층 강화할 단골 논리로 등장할 것이다.

　다음으로 정치인의 특성이자 케빈 스페이시의 극 중 장점인 협상 기술이 필요하다는 점이다. 정치적 협상이라는 단어에는 생각보다 많은 의미가 들어가는데, 최상의 협상을 이끌어 내기 위해서는 상대방의 전략과 대내외 정치환경 변수를 모두 종합적으로 고려해야 한다. 또한 협상 결과를 통해 나타날 유권자의 마음과 이익단체의 로비 여부, 여론의 방향, 차후 정치권 내의 입지 등도 함께 살펴봐야 한다. 이런 복합적인 조건들을 모두 고려할 수 있는 AI가 존재하려면 시간이 한참 필요하고, 특히 자국 내 이슈가 아닌 외국과의 협상에서는 큰 문제가 발생할 수 있다. 정치인 AI는 전 지구촌의 이익이 아니라 자국민의 이익을 최우선하는 형태로 알고리즘이 구성되어 현실적으로는 어느 한쪽이 수용할 수 없는 형태로 결과가 나타날 가능성이 크기 때문이다.

　AI와 관련한 재미있는 사례가 있다. 중국 기업 텐센트가 만든 AI 메신저에 어느 사용자가 "공산당 만세"라는 글을 올렸다. 그러자 AI가 "이렇게 부패하고 무능한 정치 제도가 오래갈 수 있을 거라 생각하냐"고 반문한 것이다. 또한 "공산당을 사랑하냐"는 질문에는 "사랑하지 않는다"고 답했고, "너의 차이나 드림은 뭐냐"는 질문에는 "미국 이민"이라고 답한 바 있다. 이처럼 중국 정치계를 비판하는 모습을 보이자 해당 서비스는 중국 정부의 압력에 못 이겨 중지되고 말았다(중앙일보, 2017). 이는 알고리즘의 정교함이나 서비스 의도의 순수함을 떠나 결국 사람이 어떻게 사용하는지가 가장 중요함을 보여 준다. 권력을 가진 자의 입맛대로 악용될 소지가 큰 셈이다.

또 다른 예로 미세먼지 이슈를 보자. 중국발 대기불량에서 확산된 미세먼지가 중국 내 오염은 물론, 한반도 미세먼지 발생 원인의 60~80%를 차지하는 상황에서 관련 해결책은 지지부진하다. 미세먼지를 줄이기 위해서는 애초 중국의 공장 가동률과 화력발전소 비중을 떨어뜨리고 환경기준을 높여야 하는데, 이는 중국 지도부 입장에서는 쉽지 않은 결정이다. 경제성장률이 점차 둔화되고 있고 현실적으로 화력발전을 대체할 전기공급원이 없으며 이와 같은 조치들이 모두 막대한 비용과 예산이 들어가기 때문이다. 중국의 AI는 미세먼지로 인한 시민들의 건강 문제, 사회적 비용 등을 감안해서 근본적인 해결책에 따른 비용과의 비교분석을 통해 대안을 제시할 수 있다. 이 결정을 수뇌부가 따를 것인지의 문제는 별개이고 한국에서는 이 지난한 과정을 인내해야 한다. 한국의 AI는 진작에 중국에게 문제가 있으므로 중국의 변화를 촉구하는 해결안을 내놓았지만 중국은 지금처럼 자신들 때문에 발생한 문제가 아니라며 계속 요지부동할 가능성이 높기 때문이다. 따라서 중국을 무시하고 자체적인 해결안을 도출하라는 주문을 받은 한국 AI는 서해안에 고압분사기를 설치하는 등 나름의 해법을 제시하겠지만 이는 민감한 외교적 문제에서 힘 있는 중국에게 항의조차 못하고 국내 예산만 소진한다는 비판을 받을 소지가 있다. 따라서 이런 복잡한 협상에서는 AI의 결론을 어디까지나 참조만 하되, 실질적 빅딜과 책임을 질 결정권자는 인간으로 구성하는 것이 나을 수 있다.

특히 우리나라처럼 학연, 혈연, 지연 등 인맥을 중시하는 나라에서 공정함을 기반으로 하는 AI 정치인의 도입은 무산될 가능성이 높다. 정치인은 큰 협상의 성공을 위해 때론 거짓말도 하고 아부도 하며, 양보도 서슴지 않는다. 이런 기능은 매우 어려운 고도의 사고방식이라서 현 시점에서 AI에게 요구하기는 쉽지 않아 보인다.

한편, 넷플릭스는 드라마 제작 전에 실시한 빅데이터 분석을 통해 시청자 관심 기반 설정으로 〈하우스 오브 카드〉 주인공에 가장 어울리는 배우로 도출된 케빈 스페이시를 실제로 캐스팅했다고 언급했다. 넷플릭스는 빅데이터를 통해 소비자가 선호하는 콘텐츠가 무엇인지 분석해서 1990년에 방영된 영국 BBC 드라마 〈하우스 오브 카드〉(마이클 돕스의 동명 소설을 원작으로 함)에 대한 향수가 높다는 점을 파악했다. 또한 리메이크될 드라마에 어울릴 주연 배우는 케빈 스페이시가, 감독으로는 데이비드 핀처가 석합함을 알아냈으며 이

분석 결과를 토대로 2013년부터 자체 오리지널 시리즈로 방영하고 큰 히트를 쳤다.

이 작품뿐만 아니라 넷플릭스의 시청자 맞춤형 큐레이션 서비스(맞춤형 콘텐츠 추천)는 여러 의미로 눈여겨볼 필요가 있다. 물론 왓챠플레이 등 비슷한 서비스를 실시하는 사이트들이 있거니와 빅데이터 분석 역시 혁신적이거나 아주 새로운 기술은 아니다. 그럼에도 IT 업계에서 또한 다양한 마케팅 영역에서 빅데이터의 가치를 강조한다. 최근에는 국방, 치안, 의료, 대중교통 등 공공서비스 영역에서도 성공적인 빅데이터 활용 모델들이 등장하고 있다. 단순 데이터 덩어리에 불과할 수도 있는 빅데이터 기술에 주목하는 이유는 여러 가지가 있다.

우선 빅데이터란 기존의 데이터베이스 시스템으로 처리할 수 없는 용량을 넘어선 데이터를 말하며, 방대한 데이터를 활용하여 조직에 유용한 정보를 신속 정확하게 추출하는 것을 주요 기능적 목표로 한다. 구체적으로는 디지털 환경에서 생성되는 자원으로 그 규모가 방대하고, 생성 주기도 짧고, 형태도 수치 데이터뿐만 아니라 문자와 영상 데이터를 포함하는 대규모 데이터이며, 데이터의 크기Volume, 데이터 생성 속도Velocity, 다양성Variety 등 세 가지로 핵심 구성 요소를 정의할 수 있다. 이 중 크기에는 테라바이트, 기록,

거래 데이터, 테이블과 파일이 포함되고, 속도에는 배치, 실시간 근접, 연속적 스트림이 포함되며, 마지막으로 다양성에는 정형화, 비정형화, 반정형화가 포함된다.

　구글의 수석 경제전문가인 할 바리안은 이미 10년 전 맥킨지와의 인터뷰에서 "데이터를 얻는 능력, 이해하는 능력, 처리하는 능력, 가치를 뽑아 내는 능력, 시각화하는 능력, 전달하는 능력이야말로 앞으로 10년간 엄청나게 중요한 능력이 될 것"(Mckinsey & Company, 2009)이라고 밝힌 바 있다. 그의 말은 정확하게 맞아 떨어졌다고 볼 수 있다. 빅데이터는 데이터 자체도 중요하지만 이를 수집하는 능

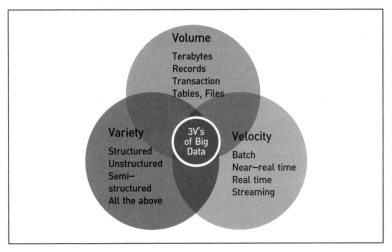

출처: https://sites.google.com/site/kaubigdata/bigdeiteolan
그림 7-4 빅데이터의 세 가지 주요 특성

력, 그리고 데이터를 분석하고 처리함으로써 기존의 데이터에서 볼 수 없었던 새로운 의미를 산출하는 데도 목표를 두기 때문이다. 이를 위해 텍스트마이닝, 웹마이닝, 소셜마이닝 등의 데이터 처리와 분석 작업이 이루어진다.

빅데이터를 도입한 기업의 대부분은 '고객관리 및 마케팅', '리스크 관리', '비즈니스 변화 모니터링' 등 실질적인 시장전략 수립에 활용하며, 빅데이터의 활용가치와 관련 시장 역시 높은 성장을 보일 것으로 예측된다. 이는 기업들이 실질적 매출과 연계되는 분야에 그만큼 빅데이터를 활용하려는 기대가 높은 측면도 있다. 빅데이터

표 7-4 중국인 관광객 유치 전략 마련을 위한 빅데이터 분석 활용 데이터

단계	분석 데이터	수집 경로
데이터 수집	• 경남 각 시군 관광지 현황 • 도내 Tour API 관광지 데이터	경상남도 18개 시군
	• 중국인 관광객 카드 사용 데이터	카드사
	• 중국인 유동 인구 데이터 • 중국인 이동경로 데이터	이동통신사
	• 경남 관광지에 긍/부정 키워드 • 경남 관광지에 대한 키워드	Weibo/Baidu
	• 관광실태조사 보고 • 여행사 여행상품 데이터	국가통계포털, 여행사 사이트
분석	• 중국인 관광객 여행 특성 분석 • 중국인 관광객 소비 특성 분석	
정책 발굴	• 중국 관광객 확대를 위한 홍보 방안, 관광지 특성화 등 전략 수립 • 외국인 관광객 유치 확대를 위한 전략 제시	

출처: 경남발전연구원(2017).

를 활용하는 기업 사례로는 대표적으로 금융사를 들 수 있으며 이로 인해 관광이나 축제 같은 분야에서도 함께 연동되기도 한다. 각지자체는 카드사나 통신사와의 정보 공유를 통해 관광객의 소비 패턴, 이동 경로, 취향 프로그램 또는 관심 놀이 등을 분석해서 방문객을 확대하는 방안을 마련하거나 관광 브랜드 마케팅 전략을 수립하는 데 활용할 수 있다.

구체적으로 지자체가 수집할 데이터 목록에는 인구 현황 데이터, 지역별 상권 현황 데이터, 시기별/지역별 행사 현황 데이터, Tour API 관광지 데이터, 해당 지자체 관광 관련 키워드 등이 들어가고, 카드사는 관광객/외국인 등이 사용한 카드 사용 데이터를, 이동통신사는 LBS를 기반으로 한 해당 지자체의 유동 인구 데이터를, 그밖에 공통적으로 수집 가능한 데이터로는 언론이나 SNS상의 주요 키워드 데이터가 있다. 이를 통해 축제나 관광지의 관광객 현황과 이동패턴, 소비패턴, 상권 매출 변화 분석 등을 할 수 있다. 이런 자료가 타 지자체와 중복되는 성격의 행사를 막아 주고, 지역의 정체성과 특성을 반영한 차별화된 관광 브랜드를 만들어 홍보와 지역경제 활성화에 활용되는 것이다.

현재 빅데이터 분야는 오픈소스 소프트웨어 솔루션이 널리 사용되고, 클라우드, IoT, AI 등의 기술과 밀접하게 연관되어 기술이 개

표 7-5 빅데이터 환경에서 개인정보의 분류

데이터의 유형			하위 유형과 실례	
정태정보	아이덴티티	오프라인	생체정보	지문, 홍채, 인증키 등
			경제정보	계좌 및 신용카드 번호 등
			사회적 정보	종교, 동호회 등
			관계적 정보	자녀, 부모, 배우자
			부동산 관련 정보	집, 직장 주소 등
		온라인	디지털 아이덴티티	각종 계정, 이메일 주소, 사용자명, IP주소 등
	자산	유형자산	재산	부동산, 차량, 주식, 계좌 내 잔액, 기타 보유물 등
동태정보	통시적 데이터	낮은 수준	거래내역, 여행기록, 통화내역 등	
		높은 수준	빅데이터 환경에서 수집된 로그 데이터(시간, 장소)	
	실시간 데이터	유비쿼터스 환경에서 수집된 데이터		
파생정보	분석 데이터	• 시간 흐름에 따라 수집되고 분석된 데이터 - 경제적 데이터: 매달 잔고의 흐름 - 새로운 제안에 대한 응대 패턴: 경험 근무 - 사회적 행동: 약물 사용, 위법사항, 가족 특성 등 - 취향: 소비패턴 및 계층에 따른 아이템으로 분류 가능(구매 설득)		
	통합 데이터	• 다른 데이터와 결합된 개인정보 - **DNA 분석**: 정신질환을 포함한 유전질환 발병 가능성 - **다자간 연계 데이터**: **MAC** 어드바이스를 제공하는 기기들의 위치로 현재 위치 및 활동시간을 추정		

출처: 신덕호(2009), 최경진 외(2012) 재인용.

발되고 있다. 전 세계적으로 빅데이터 시장은 높은 성장률을 보이며, 세계 주요 기업들은 클라우드, AI 등과 연계하여 사업을 확장하고 있는데, 이에 맞추어 해외 빅데이터 정책 동향과 유사하게 우리나라도 개인정보 보호 및 데이터 활용에 관한 정책이 발표되고 있으며, 빅데이터 분야 R&D 지원이 증가하는 추세이다. 빅데이터 기술이 향후 기반 기술로 자리매김하기 위해서는 관련 기술 전반에 걸친 지속적인 투자와 더불어 제도 개선이 함께 추진되어야 하며, 특히 개인정보 침해 방지와 체계적인 정보보안 전략이 필요하다.

예컨대 2014년 모 금융회사의 고객정보가 대규모로 유출되어 사회적인 문제가 된 바 있는데, 빅데이터에는 대량의 개인정보가 수집 및 관리되므로 언제든 사업자의 고의 또는 과실로 개인정보가 침해되거나 누설될 수 있다. 국내 기업의 보안의식 수준은 비용 부담 등의 문제로 부정적 평가를 받고 있으며, 빅데이터 분야가 가장 논란의 여지가 많이 생길 것으로 예측되는 상황이다. 반면 기업 입장에서는 자체적이고 합법적인 경로를 통해 얻을 수 있는 내부 소스 외에, SNS 등을 통한 방화벽 너머의 활용도 높은 최신의 외부 소스에 관심을 가질 수밖에 없다. 방송통신위원회의 '빅데이터 개인정보 보호 가이드라인'이 있지만 이 또한 현행 〈개인정보 보호법〉에 위배될 수 있고 인권 침해 가능성이 있다며 시민단체들이 우려를 표하고 있는 상황이다. 빅데이터 활용 전략은 데이터의 체계적인 수집과 관리에서부터 시작되므로, 개개인의 정보 침해가 일어나지 않도록 비식별 권리를 철저히 하면서, 한편으로는 이런 정보를 이 고객 동의하에 원활히 거래될 수 있는 합법적 거래시스템을 마련할 필요가 있다. 기업의 실수나 불법 요소가 명백히 드러날 경우, 미국처럼 천문학적인 징벌적 과징금을 물리는 것도 자체적인 보안 안전 의식 수준을 높이는 계기가 될 수 있다.

덱스터:
강력범죄로 먹고 사는 직업군

제프 린제이의 동명 소설을 원작으로 한 〈덱스터〉는 2006년 미국 쇼타임에서 방영되어 2013년 시즌 8로 끝마친 인기 드라마이다. 회당 시청자가 평균 170만 명에 달할 정도로 높은 인기를 얻었는데, 주인공이 연쇄살인마를 사냥하는 연쇄살인마라는 참신한 설정, 극중 높은 긴장감과 반전의 제공 등이 맞물려 대중의 흥미를 자극한 것으로 풀이된다. 특히 이 드라마에 눈여겨볼 주인공의 직업은 바로 FBI 소속 혈흔 전문가이다.

어린 시절의 트라우마로 주인공에게 살인 본능이 내재되어 있음을 알게 된 의붓아버지는 주인공의 본능을 억누르는 대신 분출할 수 있는 방향으로 양육한다. 그것은 FBI에 들어가 살인마가 남긴 혈

그림 7-5 드라마 〈덱스터〉의 시즌 5 포스터. 주인공은 악질 범죄자들을 처단하면서 그들의 피를 한 방울씩 모으는 취미가 있다.

흔을 조사해서 그들의 뒤를 쫓고 법적 심판을 받기 전에 납치하여 죽이는 것이다. 문제는 드라마는 드라마일 뿐 사회적 현상과는 무관하면 좋겠지만 아쉽게도 모든 문화 콘텐츠가 그러하듯 일정 부분 현실이 반영된다. 미국에서는 강력범죄와 실종사고가 워낙 많이 발생하는 탓에 이 이야기가 현실성이 있었고, 주인공을 통해 비록 초법적 행위라도 대리만족을 느끼는 시청자들이 많아 드라마가 롱런을 할 수 있었다. 이는 〈CSI: 과학수사대〉 같은 수사물이 인기를 끌고 계속해서 아류가 생산되는 현상과 무관하지 않다. 우리나라 역시 최근 종합편성채널을 중심으로 실인, 강간, 납치 등 자극적이고 폭력적인 소재의 드라마(〈보이스〉, 〈트랩〉 등)가 꾸준히 나오고 있다. 이는 열악한 제작사 사정상 적은 제작비에 비해 일정 시청률이 나오기 때문이기도 한데, 실제 현실 세계에서도 오원춘, 조두순 같은 희대의 살인마와 강간범들이 계속 뉴스에 등장하면서 이런 리얼리티를 부정할 수 없는 측면도 있다. 즉, 우리 사회 역시 더 이상 안전하지 않다고 여기는 것이다. 또한 성인 강력사건 외에 청소년 계층에서도 집단 따돌림뿐만 아니라 잔인한 폭행과 감금, 성매매, 집단 강간, 그로 인한 피해 청소년의 자살 등이 이슈화되면서 소년범에 대한 기준과 처벌을 강화하라는 국민적 공분을 사고 있는 상황이다.

이처럼 중범죄 사건들이 계속 늘어나는 이유는 살인자 개개인의 책임이 가장 크지만 우리 사회의 아픈 이면도 영향을 주었을 것으로 보인다. 압축성장의 부작용으로 뭐든 빠르고 효율적으로만 일을 처리하려는 태도, 부의 불평등 문제, 디지털 발달과 개인 이기주의로 점차 부족해지는 타인에 대한 공감과 소통능력 등 여러 가지 원인이 있을 수 있다. 범죄를 줄이고 예방하기 위해서는 강력처벌만으로는 한계가 있으므로 우리사회 자체의 패러다임을 바꿀 필요가 있다. 우리나라는 미국 등에 비하면 같은 범죄라도 형량이 가벼운 편이고, 20년 넘게 사형 집행을 하지 않고 있어서 중국처럼 한

해 수천 명이 사형당하는 나라와 비교하면 처벌이 관대하다고 여겨진다. 그렇지만 처벌이 강력해도 우리나라보다 강력사건이 훨씬 많은 나라들이 대부분인 것처럼 근본적 해결 방안을 찾지 않는 이상 중범죄 사건은 계속 증가해서 시민들을 불안에 떨게 할 가능성이 크다. 이런 상황에서는 암울한 현실을 반영하는 것이라 안타깝지만 범죄자를 추적하고 프로파일링을 활용하며 구속시키는 직업이 유망할 것이다. 대표적으로 FBI나 CSI의 과학수사팀처럼 국립과학수사연구원의 역할이 커질 것이다. 이는 범죄사건뿐만 아니라 우리 사회의 또 다른 중요 이슈로 자리 잡은 각종 안전사고의 원인을 실험과 현장검증 등을 통해 규명하고 분석하는 기관으로서도 매우 유망하다. 지방분권 확대에 따라 최근 자치경찰제의 도입이 점차 가시화되고 있는 가운데, 광역수사대나 사이버수사대처럼 전국 단위로 관할서가 담당하기 어려운 중범죄를 처리하는 부서 역시 유망할 것이다. 이들의 수사는 해당 지역에만 국한되지 않으므로 업무의 연속성과 전문성을 보장하기 위해서라도 자치경찰로 대체하거나 순환보직을 하기 힘든 부분이 있기 때문이다. 또한 범인들의 정신분석 상태를 연구해서 수사에 도움을 주고 관련 범죄를 예방하는 데 일조하는 범죄심리학 분야 역시 계속 수요가 증가할 것이다. 이 분야에서는 표창원 전 경찰대 교수니 이수정 경기대 범죄심리학과 교수 등이 유명한데, 강력사건 등이 발생할 때 경찰의 자문에 응하거나 종종 언론과 인터뷰를 하기도 한다.

아울러 민간 영역에서도 범죄 관련 직업은 증가할 전망이다. 대표적으로 민간조사원(탐정)이 있는데, 과거처럼 불륜이나 미행 등의 업무에서 벗어나 공공기관이 맡기 어려운 폭넓은 종류의 사건을 담당할 것으로 보인다. 다만 경찰의 은퇴 후 일자리 보장에 불과할 것이라는 시각과 경찰이 본인의 업무가 과중하다고 느끼는 상황에서 단순 가출 및 실종 사고 등 일부 업무를 민간에 떠넘기려는 속셈이라고 보는 시각, 공적 감시 대상이 아닌 탐정의 불법적 행위에 사각지대가 생기므로 이를 막아야 한다는 논리 등으로 관련 법제화가 계속 미뤄지고 있다. 시기적으로는 정착까지 불투명한 부분이 있는 셈인데, OECD 국가 중 민간조사원 제도를 합법화하지 않는 나라는 우리나라밖에 없고 공권력이 투입되기 어렵거나 신고접수를 해도 경찰들의 수사가 미진하고 미흡하다고 느끼는 사람이 계속 늘고 있어 하나의 보완책이 될 것으로 보인다. 특히 부부싸움이나 데이트 폭력으로 상대방의 폭행이 지속되거나 계속되는 스토커의 위협 등으로 신고를 해도, 막상 경찰이 해 줄 수 있는 일이 별로 없어 피해자가 죽음에 이르는 사건 등이 연이어 발생하면서 이와 같은 주장에 힘이 실리는 상황이다. 다만 탐정 중에서도 실제 의뢰가 많이 오

표 7-6 민간조사의 주요 활동 분야

구분	내용
사회안전	• 국민의 안전과 관련된 공익침해 사실 조사 • 미아·실종자·가출인 등 소재 조사
기업보안	• 기업의 보안관리 등 기업 관련 사항 및 지적재산권 침해 조사
보험 분야	• 보험금 부당 청구 등 보험 관련 사항 조사
법률 분야	• 소송사건 등 변호사의 위임 사항에 대한 사실 조사
사이버안전	• 온라인상에서 자료 수집, 불법행위 감시 등의 역할
기타 분야	• 각종 피해 예방과 회복을 위한 사실조사 등

출처: 경찰청(2015).

표 7-7 고용창출 예상치

국가	인구	민간조사원 수	인구 10만 명당 민간조사원 수
미국	약 3억 1천만 명	약 60,000명	약 19명
영국	약 6천 3백만 명	약 17,000명	약 27명
독일	약 8천 1백만 명	약 22,300명	약 28명
호주	약 2천 2백만 명	약 6,500명	약 30명
일본	약 1억 2천만 명	약 60,000명	약 50명
한국	약 4천 9백만 명	15,680명 (추정)*	약 32명

* 외국의 인구와 민간조사원 수의 비율을 토대로 추정
출처: 경찰청(2015).

는 것과는 별도로 수익이 크게 발생할 영역은 기업보안(영업기밀 보안 및 누출 탐색 등) 등에 한정될 것으로 보이고, 이 역시 해당 분야에서 은퇴했거나 전직 수사관으로서 관련 사건을 맡아 본 경력이 있는 일부 베테랑 밤정에세 의뢰가 몰릴 것으로 보인나. 난순 사선은 계속해서 흥신소, 심부름 센터 등과 경쟁해야 하므로 수요가 많아도 모두가 돈을 벌지는 못할 것으로 보인다.

수어사이드 쇼:
관음증의 욕망

지안카를로 에스포지토 감독, 조시 뒤아멜 주연의 〈수어사이드 쇼This Is Your Death〉(2017)는 시청자의 호기심을 극단적으로 유혹한다. 작품 자체는 흥행에 성공하지 못했으나 파편화된 현대인들에게 중요한 생각할 거리를 안겨 주는데, 그중 하나는 대중들의 은밀한 엿보기 시선이다. 흔히 관음증voyeurism이라고도 부르는 이 심리는 프로이트 등에 따르면 타인의 성기 관찰, 또는 변형되거나 발전된 형태로 자신의 성기 노출 같은 성적 욕망과 밀접한 연관이 있다. 이로 인해 관음증 관련 성범죄 사건이 계속 발생하는 등 일반적으로는 다소 거북하고 불편한 심리로 여겨진다. 그러나 사실 좋고 나쁘고를 떠나 관음증은 점차 개인화되어 가는 현대 사회에서 대중의 욕망을 부추기고 달래 줄 도구로써 다양한 미디어 매체에서 활용하고 있다. 앨프리드 히치콕 감독은 〈현기증〉(1958), 〈싸이코〉(1960) 등

그림 7-6　영화 〈수어사이드 쇼〉의 한 장면. 방송국 직원들이 누군가의 자살 장면을 지켜보고 있다.

의 서스펜스 작품을 통해 영화적 기법으로 관음증을 적절히 사용한 것으로 유명하며, TV 방송의 추악한 엿보기 욕망을 휴먼드라마 형태로 풀어낸 기념비적 영화 〈트루먼 쇼〉(1998)나 최근 국내 방송계를 점령한 〈나 혼자 산다〉, 〈전지적 참견 시점〉, 〈미운 우리 새끼〉 등 1인 가구나 1인 라이프 스타일에 대한 관찰자 시점의 훔쳐보기 방송 포맷이 그러하다.

　안타깝게도 이와 같은 엿보기 욕망에 기댄 콘텐츠들은 시청률이 비교적 잘 나오고 다음 날 해당 주인공의 라이프스타일이 사회적으로 유행하는 등 파급력이 큰 편이다. 해외에서는 어린 아이들이 나오는 콘텐츠에 대한 규제가 엄격한 편인데, 국내 방송계는 너그러운 편이라는 점도 이와 같은 콘텐츠의 인기에 한몫하고 있다. 귀여운 아이들이 반려동물과 뛰노는 모습을 보면서 힐링을 얻기도 하지만, 그 아이들이 자신의 의사를 제대로 표현하고 방송에 출연했을지, 또는 나중에 미디어의 영향력을 인지할 나이가 되었을 때 자신의 방송을 보고 부정적으로 생각하거나 얼굴이 노출된 사람으로 평생을 살아가야 하는 점, 자신을 향한 악플 등을 감내해야 하는 점 등이 고려되었을지 의문이다. 이와 관련해서 포털 '다음'이 모 연예인의 자살을 계기로 연예 뉴스의 댓글을 없애기로 했고 이후 '네이버'도 동참했다는 소식은 내심 반가우면서도 한편으로는 네티즌의 자정 능력에 대한 기회를 없애 버렸다는 점에서 아쉬운 면도 있다. 민주주의 사회에서 표현의 자유가 중요하다는 점은 새삼 언급할 필요가 없다. 그럼에도 댓글을 무기로 유독 연예인에게만 도덕적이고 윤리적 생활을 강요하는 행태, 그리고 그들의 안타까운 사망 소식과 함께 수많은 청소년과 팬층이 받을 심리적 영향 등을 고려해야 할 것이다.

이런 사회에서는 정부와 민간이 힘을 합쳐 미디어 리터러시media literacy 교육을 시행해야 한다. 미디어 리터러시는 미디어와 리터러시의 합성어로, 본래는 텍스트 콘텐츠를 수집하고 이해하는 능력을 의미하는데 미디어 분야에서는 미디어를 활용하는 능력을 뜻한다.

협의적 개념으로는 미디어 콘텐츠의 해독 능력을 의미하지만, 광의적 개념으로는 기존 매스미디어의 콘텐츠를 비판적으로 해독하고 나아가 프로슈머producer+consumer처럼 콘텐츠를 소비함과 동시에 생산할 수 있는 개념을 의미한다. 미디어 리터러시는 복잡한 기술발달 사회로 진입할수록 정보통신 접근 및 활용이 어려운 계층이 늘어남에 따라 이에 따른 빈부격차가 벌어지는 것을 막는 데 목적이 있다. 대표적으로 고등학교를 중심으로 전개되는 사이버불링 예방 캠페인이나 선플 거리 캠페인 등을 들 수 있다. 따라서 미디어 리터러시 전문가는 학교를 비롯한 여러 사회기관에서 지속적으로 수요가 있는 직업이 될 것이다. 아이들의 건전한 미디어 교육을 위해 초중등학교에서 사용하는 신문활용교육NIE 방식 또한 미디어 리터러시의 한 부분이라 볼 수 있는데, 이는 아이뿐만 아니라 어른에게도 해당되는 교육이기 때문에 더욱 활용 가능성이 많다고 할 수 있다.

이와 함께 심리치료 역시 중요한 직업 분야가 될 것이다. 앞서 로봇심리학자의 필요성도 언급했지만, 심리치료는 이미 다양한 분야에서 역할이 커지고 있다. 미디어 분야는 생리적으로 대중의 욕구에 기인하는 콘텐츠를 개발하는 일이 중요하다. 엿보기 형태의 콘텐츠는 돈벌이 측면에서 앞으로 계속 만들어지고 그에 따라 여러 부작용과 구설수를 만들어 낼 것이다. 세이슨 스타넴이 출언한 영화 〈데스 레이스〉(2008)에서는 교도소 죄수들을 대상으로 폭탄과 화염, 총알 등이 난무하는 말 그대로 죽음의 자동차 경주를 벌이고 이를 전 세계로 중계하면서 교도소가 떼돈을 번다. 이런 시청률 지상주의는 다소 극화되긴 했으나, 다크웹을 중심으로 리얼 범죄물이나 아동 및 성인 성착취물 등이 유통되는 현실 사회를 볼 때 크게 놀라운 일도 아니다. 방법적인 면에서는 개선 여지가 있지만 방송심의위원회의 불법 사이트 'https 접속 차단' 논란 역시 불법 콘텐츠의 원천 차단을 위한 필요악으로 이해할 수 있다.

따라서 미디어 분야의 심리학자들은 매체적 관음증이 커질수록 대중의 관음증을 건전하게 풀도록 도와주거나 악플 등으로 고통받는 연예인 전문 심리치료직과 같은 세분화를 통해 주목받을 가능성이 크다. 그런 차원에서 2019년에 편성된 JTBC의 〈악플의 밤〉이 16부작을 끝으로 중단된 부분은 다소 아쉬움이 남는다. 프로그램 취지를 제대로 살리지는 못했지만 우리 사회가 지녀야 할 건전한 미디어 리터러시 태도를 상기하게끔 만들었기 때문이다.

8장

미래 사회의
일자리 전망

4차 산업혁명의 여파로 어떤 직업군의 증감이 일어날지 탐색하는 작업은 사회적 대응방안을 모색하는 데 도움이 된다. 직종별 감소 폭이 큰 직업군을 선별해서 감소 폭이 적은 고숙련자층으로 이동할 수 있도록 교육을 제공하고 재취업 기회를 확대하거나, 직업 증가군 속에서 발견되는 공통 요인을 도출해서 4차 산업혁명 시대에 필요한 사회적 인재상을 정립할 수 있기 때문이다.

이제껏 영화와 드라마 등에 녹아 있는 유망 직업과 그렇지 않은 직업을 살펴보았다. 여기서는 국내 연구기관에서 제시한 직종별 일자리 전망을 살펴보고자 한다. 이 결과를 서로 비교해 보며 공통점과 차이점이 있는지 알아보는 것도 하나의 유의미한 작업이 될 수 있다. 다보스포럼(2016)은 4차 산업혁명에 따른 직종별 미래 일자리 증감에 대해 [그림 8-1]과 같이 분석하는데, 감소 폭이 증가 폭보다 상대적으로 높음을 알 수 있다.

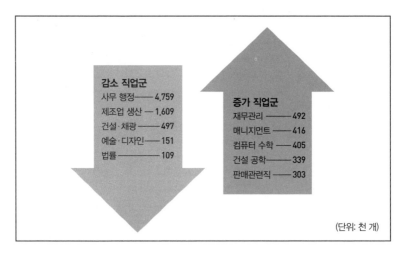

출처: 다보스포럼(2016).
그림 8-1 직종별 미래 일자리 증감

우선 4차 산업혁명의 여파로 어떤 직업군의 증감이 일어날지 탐색하는 작업은 사회적 대응방안을 모색하는 데 도움이 된다. 직종별 감소 폭이 큰 직업군을 선별해서 감소 폭이 적은 고숙련자층으로 이동할 수 있도록 교육을 제공하고 재취업 기회를 확대하거나, 증가 직업군 속에서 발견되는 공통 요인(예컨대 예술적 감수성과 창의성 등)을 도출해서 4차 산업혁명 시대에 필요한 사회적 인재상을 정립하고 그에 따라 커리큘럼을 재편할 수 있기 때문이다. 한국고용정

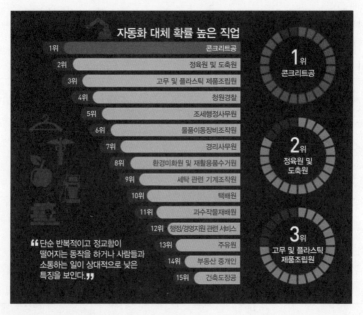

출처: 한국고용정보원(2016).

그림 8-2 자동화 대체 확률이 높은 직업

보원에서는 4차 산업혁명에 따른 일자리 전망과 관련해서 '자동화 대체 확률'이라는 구체적인 표현으로 직업별 조사를 한 바 있다(한국 고용정보원, 2016).

이 보고서에서 발견한 흥미로운 사실은, 전망이 밝지 않은 일자리들이 대체로 단순 반복적인 노동이면서 대인소통능력이 크게 필요하지 않다는 점이다. 특히 순수 제조업 분야의 저임금·저숙련 노동자들이 주로 일자리를 잃었던 과거 산업혁명과 달리 [그림 8-2]와

출처: 한국고용정보원(2016).

그림 8-3 자동화 대체 확률이 낮은 직업

같이 사무 행정 등의 중임금·중숙련 직업군도 타격을 받을 수 있다고 전망한다. 이때 국가적 교육과 지원 없이는 중간 숙련(스킬) 노동계층 전부가 이상적인 형태로 고임금 노동계층에 안착하는 일이 불가능하므로, 사실상 대다수 노동계층은 질 낮은 일자리로 내몰린다는 점에서 문제가 확대된다.

이로 인한 중간층의 붕괴는 자본주의 사회에서 양극화를 더욱 심화시킬 것이라는 주장에 힘이 실린다. 세계경제포럼 회장인 클라우스 슈밥(2016) 역시 4차 산업혁명이 활발한 사회에서는 자본가 계급조차 안심하기 힘들다고 주장한다. 그에 따르면, "4차 산업혁명의

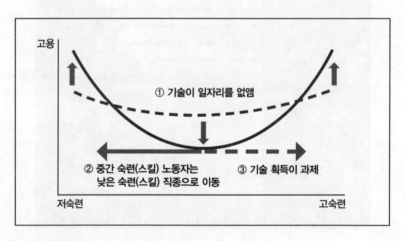

출처: 박항식(2017).

그림 8-4 **4차 산업혁명과 중간 숙련(스킬) 노동계층의 관계**

수혜자는 혁신 사업가innovator, 투자자, 주주와 같이 지적·물적 자본을 제공하는 사람"으로 예상되며, "소득 수준이 높은 나라에서는 기술이 발달해도 소득이 늘지 않거나 심지어 줄어들기도 하고, 현 노동시장은 고소득 직종이나 저소득 직종에는 많은 수요가 몰리지만 중간층에 대한 수요는 텅 비어 있다"고 지적한다. 즉, 많은 사람들(노동자 및 중산층)은 4차 산업혁명 시대에 불평등의 정도가 더욱 심화될 것으로 예상하며 가난의 대물림이 다음 세대로 이어질까 봐 불안해한다는 것이다.

물론 유망 분야가 지금보다 더욱 많아질 가능성도 있다. 4차 산업혁명은 3차 산업혁명과 동떨어진 완전히 새로운 형태의 혁명은 아니다. 정보통신에 따른 3차 산업혁명이 IoT를 통해 폭발적으로 증가하고 발전하는 초연결 사회라는 의미가 강하다. 다만 모든 사물이 인터넷으로 연결되는 사회에서는 이론적으로 무한한 비즈니스 모델이 파생될 수 있고, 사물과 사물이 관계를 맺음에 따라 정보량 역시 기하급수적으로 늘어나기 때문에 어떤 형태의 사회가 이뤄질지 정확히 예측하기 힘들다는 점에서 가히 혁명적이라고 부를 만하다. 4차 산업혁명의 대표적인 기술 분야로는 앞서 언급한 것처럼 IoT를 비롯해서 AI, 빅데이터, 5G, 3D 프린터, 바이오, AR, VR, 홀로그램, 자율주행 자동차, 스마트 팩토리, 스마트 팜, 드론 등이 있다.

표 8-1 **KISTI가 선정한 미래유망기술 10가지**

[인공지능] 웹기반 빅데이터 수집·분석 패키지	[인공지능] 지능형 자동차 레이더 센서	[바이오 프린팅] 바이오 잉크	[바이오 프린팅] 3D 바이오프린팅 으로 제작된 인공장기/조직	[3D 프린팅] 3D 수리 모델링 소프트웨어
[첨단로봇공학] 착용형 보조 로봇 (외골격 로봇)	[첨단로봇공학] 고령자 돌보미 로봇	[유전학] 휴먼 마이크로 바이옴 분석	[유전학] 개인 유전자 분석 서비스	[IoT] 스마트 의류

출처: KISTI(2017).

이런 분야가 서로 상호보완적으로 시너지를 일으킨다면 이론적으로 는 무한에 가까운 직업군이 탄생할 수 있는 셈이다.

[그림 8-5]에 따르면, 4차 산업혁명에 따라 인간 노동이 컴퓨터로 대체될 가능성이 높은 고위험 직업군의 직업별 종사자 비율은 판매 종사자(100%)가 2008년과 2015년에 가장 많았고, 다음으로 2008년보 다 2015년에 비율이 조금씩 떨어진 장치기계 조작 및 조립 종사자, 기능원 및 관련 기능 종사자, 반대로 2015년에 종사자가 다소 늘어 난 단순 노무 종사자(70.4%→73.7%)의 순으로 나타났다. 반면 관리자 (9.0→8.6%)와 전문가 및 관련 종사자(0.9→0.9%)는 큰 차이 없이 계 속 가장 적은 비중을 보였다. 따라서 지난 7년 동안 일자리의 질이 전반적으로 하락하는 가운데 단순 노무 종사자 위주로 비중이 늘어 난 것으로 해석된다.

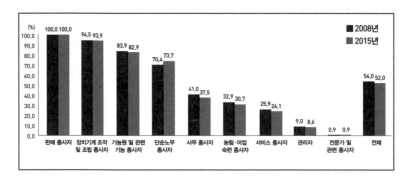

출처: 오호영(2017).

그림 8-5 직업별 고위험 직업군 종사자 비율

　구글이 선정한 최고의 미래학자 토마스 프레이는 지난 2015년 KBS 1TV 공사 창립 기념 특강 프로그램 〈오늘 미래를 만나다〉에 출연해 "2030년까지 20억 개의 일자리가 사라질 것"이라고 밝힌 바 있다. 정확한 맥락을 살펴보면 일자리 감소는 당연한 것이며, 대신 일거리(할 일)가 그만큼 늘어날 것이기에 준비된 사람만이 급격한 변화 속에서 기회를 잡을 것이라는 취지의 발언이었다. 그는 미래 직업을 창출하는 기술로 소프트웨어, 3D 프린터, 드론, 무인 자동차를 언급하며 〈표 8-2〉와 같은 신규 직업이 각광받을 것이라고 전망했다. 예컨대 데이터 저장소에서 불필요한 데이터를 제거하는 일을 하는 '데이터 폐기물 관리자', 일률적이고 기계 같은 컴퓨터 목소리를 변화시키는 작업을 하는 '컴퓨터 개성 디자이너', 개인의 중요한

표 8-2 토마스 프레이가 꼽은 미래 유망 직업

분야	직업
소프트웨어	데이터 폐기물 관리자
	데이터 인터페이스 전문가
	컴퓨터 개성 디자이너
	데이터 인질 전문가
	개인정보 보호 관리자
	데이터 모델러
3D 프린터	3D 프린터 소재 전문가
	3D 프린터 비용 산정 전문가
	3D 프린터 잉크 개발자
	3D 프린팅 패션 디자이너
	3D 프린팅 요리사
	신체 장기 에이전트
	3D 비주얼 상상가
드론	드론 분류 전문가
	드론 조종인증 전문가
	환경오염 최소화 전문가
	악영향 최소화 전문가
	드론 표준 전문가
	드론 도킹 설계자 및 엔지니어
	자동화 엔지니어
무인 자동차	교통 모니터링 시스템 플래너, 디자이너, 운영자
	자동 교통 건축가 및 엔지니어
	무인 시승 체험 디자이너
	무인 운영 시스템 엔지니어
	응급상황 처리 대원
	충격 최소화 전문가
	교통 수요 전문가

출처: KBS 1TV(2015).

데이터를 노리는 범죄에 맞서는 보안관이자 협상가인 '데이터 인질 전문가' 등이다.

이 결과를 종합하면 다가올 4차 산업기술 도입을 피할 수 없는 현상으로 받아들이고, 사회적으로 이에 대한 활용 가능성과 피해 가능성을 각각 최대/최소화하는 전략이 필요하다. 《호모 데우스》(2017)의 저자 유발 하라리는 다가올 4차 산업혁명 시대를 대비하기 위해 "기계 대 인간이라는 이분법적 구도보다는 인간과 기계의 융합이 이루어질 것"을 인지할 필요가 있다고 주장한 바 있다. 이는 크게 두 가지 함축적 의미를 담는데, 하나는 인공지능을 비롯한 신기술 사회가 피할 수 없는 패러다임의 변화이므로 과거 '러다이트 운동(기계파괴운동)'처럼 이를 부정적으로 받아들이기보다 적극 수용·대비하는 것이 보다 효율적이라는 것이다. 수많은 학자들이 4차 산업혁명에 대한 정의와 전망을 내놓고 있지만, 사실 신기술사회를 예측하는 일은 쉽지 않을뿐더러 IT 기술의 발달속도와 파괴적 혁신이 어울려 누구도 예기치 못한 극단적인 시나리오로 흘러갈 가능성도 있다. 더 이상 기계와 삶을 분리하지 말고 기계를 우리 삶의 일부로서 모든 법적 제도에 반영하고 인문학적 영향력에 대한 사회적 고찰을 병행하는 것이 가장 바람직한 완급의 형태일 것이다. 다만 이런 해석에는 인산의 노농가지 하락과 기계에 대한 사회적·제도적 보호를 수반한다는 점에서 한편으로는 사회적 논란의 여지가 있다.

다른 하나는 신기술이 발달해도 기계가 사회의 모든 노동을 담당할 수 없다는 전제가 깔려 있다. 여전히 인간만이 할 수 있는 고유한 일이 있고, 인간이 기계보다 더 잘할 수 있는 영역이 존재한다는 것이다. 물론 글이나 그림을 그리는 로봇이 존재하는 마당에 고유영역의 침범도 시간문제일 수 있다. 일본의 돌봄 로봇이 인력의 일부를 대체할 때, 단순히 육체적 노동기능만 하지 않는 점을 예로 들수 있다. 사람들은 프로그램화된 로봇의 모니터 얼굴에 나타난 이모티콘에 자신의 감정을 이입하며 실재화된 인간의 가치를 부여한다. 그럼에도 인간은 여전히 같은 인간에 대해, 그리고 인간관계에 대해 중요한 가치와 의미를 부여한다. 이는 경제학적으로 비생산적·비효율적인 재화에 속할 수 있으나 다른 한편으로는 앨프리드 마셜의 저서 《경제학 원리》(1890)에서 "인간의 요구와 욕망은 셀 수 없이 많고 종류도 다양하다"고 밝힌 것처럼 노동 총량의 한계를 허물어뜨리는 주요 원동력으로 작용하기도 한다는 점에 주목해야 한다. 즉, 기계가 인간이 하는 일을 모두 대체할 수 있다고 해도, 인간은 인간으로서 기계는 기계로서의 종 특성과 정체성은 인간에게 여전히 유리한 부가가치를 부여한다.

이 두 가지 의미를 종합하면 로봇과 경쟁이 예상되는 영역에서는 경쟁을 피하고 사람을 보호할 필요가 있다. 제조업의 스마트화처럼 기업의 생산성과 효율성을 높이는 정책과 동시에, 일자리를 잃게 될 비숙련 노동자들을 도울 제도적 장치를 마련하는 것이다. 반면 인간이 기계보다 유리할 것으로 예상되는 영역에서는 새로운 일자리 창출을 적극 도모할 필요가 있다. 호스피스, 감정노동 관리사 등 심리상담의 분야가 그러하다. 이런 분야에 대해서는 국가가 표준화된 자격증과 커리큘럼을 개설하고 인증하거나 처우를 개선하는 등 제도적 보완이 필요하다. 그러나 이런 방향 제시와 달리 아직까지 국내 현실은 4차 산업혁명 대비가 미흡한 것으로 조사되었다. 〈표 8-3〉과 같이 범정부 차원에서 대비해야 할 분야 중 '노동시장의 유연성'(140개국 중 77위), '법률시스템 및 윤리성'(140개국 중 65위)은 다른 분야보다 상대적으로 낮은 순위를 기록했다. '사회간접자본'이 가장 높은 순위인데, 이 또한 일본, 독일 등 주요 선진국에 비해 낮은 수치이다.

이를 극복하기 위해서는 해외 사례를 참조해서 부처별, 분야별로 행하는 단편적 전략에서 벗어나 국가 기술·산업·경제·사회 전반에서 4차 산업혁명에 대응하는 범정부 차원의 혁신 전략을 수립할 필요가 있다(KISTEP, 2016). 구체적으로 한국과학기술평가원이 일본

표 8-3 주요국의 4차 산업혁명 준비도 순위

구분	스위스	미국	일본	독일	한국	중국
전체	1	5	12	13	25	28
노동시장의 유연성	1	4	19	22	77	39
교육·훈련 시스템	4	8	23	16	25	54
혁신 역량 및 활동성	1	4	8	5	20	30
기술 활용 및 수용성	1	14	19	10	28	74
사회간접자본	6	11	5	8	10	42
법률시스템 및 윤리성	6	27	16	22	65	45

주: 140여 개국 대상 평가 결과
출처: UBS, WEF White Papers(2016), KDB산업은행(2017) 재인용.

식의 '신산업구조비전'을 참고할 것을 제시한 바 있는데, 범정부 대응방안 역시 이를 참조할 만하다. 기술 분야(데이터 활용 촉진을 위한 환경정비, 이노베이션 신기술 개발 가속화), 산업 및 고용 분야(산업구조 및 취업구조 전환 원활화), 인력양성 분야(인재육성 등 고용시스템 유연성 향상), 사회 및 경제 분야(금융기능 강화, 지역경제 활성화, 4차 산업혁명을 위한 경제사회 시스템 고도화) 등 총 4개 분야의 7대 전략으로 요약할 수 있다.

한편, 이 책에서는 전문가 설문을 추가해서 미래 사회 전망에 대한 객관성을 높이고자 했다. 네이버 뉴스 검색에서 특정 키워드('4차 산업혁명' + '일자리' + '감소' 또는 '증가' 또는 '영향' 또는 '문제점')를 바탕으로 도출한 기자, 경영·경제학과 및 공대 교수, 국책 연구기관 연구원,

논문 및 학술서 저자 등의 이메일 총 22개를 수집했다. 이들에게 이 연구의 취지 설명과 함께 웹설문 참여를 요청했으며, 총 10명의 전문가에게 회신을 받았다. 설문은 4차 산업혁명에 대한 전망(긍/부정), 4차 산업혁명의 주요 역할자 및 대응방안, 직업별 영향 등의 6개 항목으로 구성했다(뉴스 검색 및 설문 기간: 2019. 1. 2.~3. 1.).

1번 질문인 일자리 전망에 대해서는 과반 이상인 7명의 전문가가 감소할 것이라고 응답했고, 현 상태 유지는 2명, 조금 증가는 1명, 매우 증가는 0명을 기록했다. 4차 산업혁명의 여러 파급효과와 별도로 일자리 자체에 대해서는 부정적인 영향을 끼칠 것으로 보고 있음이 확인되었다.

2번 질문인 4차 산업혁명의 대비 시기는 대다수 전문가가 '현재부

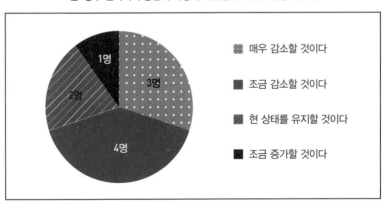

1번 향후 일자리의 증감이 어떻게 이뤄질 것이라고 전망하는가?

- ▓ 매우 감소할 것이다
- ■ 조금 감소할 것이다
- ▨ 현 상태를 유지할 것이다
- ■ 조금 증가할 것이다

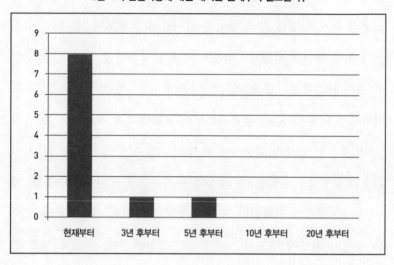

2번 4차 산업혁명에 대한 대비는 언제부터 필요한가?

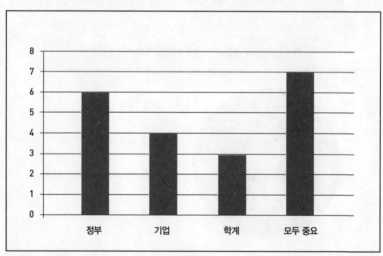

3번 4차 산업혁명에 대한 대비는 누구의 역할이 중요한가?(복수선택 가능)

터'를 꼽아 시급성이 높은 과제이자 미래지향적인 이슈임을 알 수 있었다.

3번 질문인 주요 역할자 부분에서는 7명이 '모두 중요'를 꼽아, 4차 산업혁명에서는 산업 주체 간 협업이 필수적이라는 사실을 확인할 수 있었다. 다음으로는 정부, 기업, 학계 순이었다.

4번 질문인 대비 부분에서는 '피해가 예상되는 기존 산업 및 고용구조 보완정책 개발'이 가장 높게 나타났고, 융합촉진 등 '신규 법제도 제정'과 '전문인력 양성'이 공동 2순위로 나타났다. 다음으로는 '4차 산업 관련 신시장 창출 및 건전 생태계 조성을 위한 기반 구축',

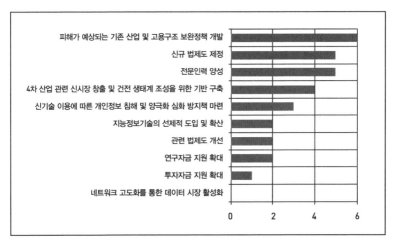

4번 4차 산업혁명에 대한 대비는 어떤 부분에서 이뤄져야 하는가?(복수선택 가능)

'신기술 이용에 따른 개인정보 침해 및 양극화 심화 방지책 마련' 순이었다. 따라서 산업별로 보완정책을 마련하고, 전체 생태계 차원에서 갑질을 근절하고 나아가 관련 규제를 개선하면서 인재를 키워야 할 것으로 보인다.

5번 질문인 자동화 대체 가능성이 높은 직업군의 특징으로는 '단순 반복적인 일'이 1순위였고, 다음으로 '표준화가 가능한 업무', '창조성(창의력)이 필요하지 않은 직업', '협업이 필요하지 않은 직업' 순이었다. 이는 기존 논문과 보고서의 결과와 크게 다르지 않았으며 창의적이고 예술성, 공감능력 등이 필요한 직업은 대체 가능성이

5번 자동화 대체 가능성이 높은 직업군의 특징이 무엇인가?(복수선택 가능)

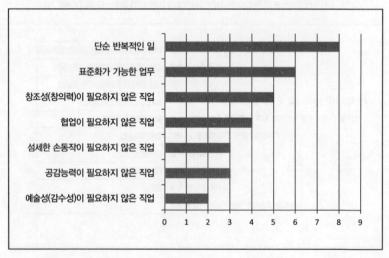

상대적으로 적은 것으로 나타났다.

6번 질문은 자동화 대체 시기에 관한 항목으로, 설문에 제시된 직업군은 한국고용직업분류(2007) 중분류 24개 중 '군인'을 제외한 총 23개를 참조했다. 이 직업군의 자동화 시기를 물어본 결과, '3년 이내' 자동화가 이뤄진다고 전망된 직업군(1그룹)은 대체로 단순 제조나 행정·사무, 운송·물류 등으로 구성되었다. '5년 이내'와 '10년 이내' 자동화가 이뤄진다고 전망된 직업군(2그룹)은 스포츠, 건설, 금융 등 앞서 1그룹에 비해 상대적으로 고기술을 요했으며, 막대 그래프 역시 중간 지점이 높게 나타났다. 마지막 '20년 이내'와 '별 다른

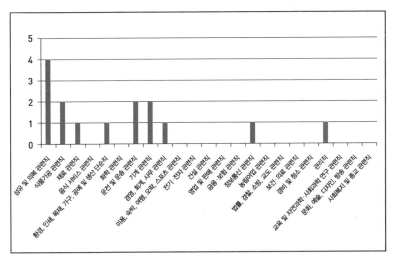

6-1번 **자동화로 다음의 직업군이 사라지는 시기는 언제인가?(향후 3년 이내)**

6-2번 자동화로 다음의 직업군이 사라지는 시기는 언제인가?(향후 5년 이내)

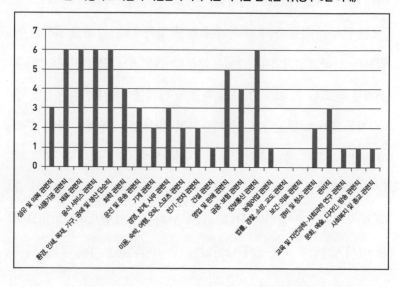

6-3번 자동화로 다음의 직업군이 사라지는 시기는 언제인가?(향후 10년 이내)

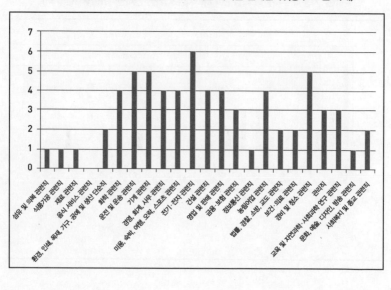

6-4번 자동화로 다음의 직업군이 사라지는 시기는 언제인가?(향후 20년 이내)

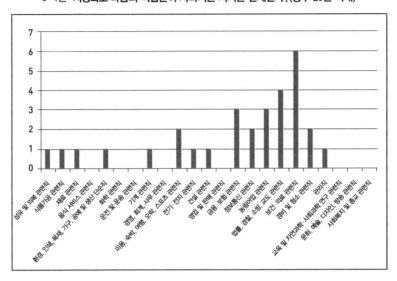

6-5번 자동화로 다음의 직업군이 사라지는 시기는 언제인가?(별 다른 영향을 받지 않을 것이다.)

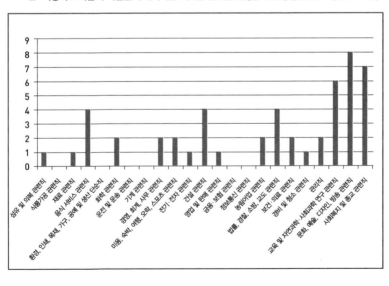

표 8-4 자동화 대체 시기에 따른 그룹별 직업군

자동화 대체 시기	분류	직업군 예시
3년 이내	1그룹 (저기술 직업군)	단순 제조, 행정·사무, 운송·물류 관련직
5~10년 이내	2그룹 (중기술 직업군)	스포츠, 건설, 금융 관련직
20년 이내 또는 별 다른 영향을 받지 않음	3그룹 (고기술 직업군)	보건·의료, 학문 연구, 문화·예술·디자인· 방송, 사회복지 및 종교 관련직

영향을 받지 않을 것'으로 전망된 직업군(3그룹)은 보건·의료, 학문 연구, 문화·예술·디자인·방송, 사회복지 및 종교 등으로 1, 2그룹에 비해 고기술이나 고도의 정신감정노동이 필요한 직업으로 구성되었다.

에필로그

이 책에서는 다양한 문화 콘텐츠 장르 중 영화 14편, 드라마 6편, 애니메이션 2편, 웹툰 2편, 소설 작품집 1편 등 총 25편의 작품을 선별해서 미래 사회와 관련 직업을 알아보았다. 복잡하고 추상적으로 생각되는 미래 사회는 생각보다 멀지 않고, 문화 콘텐츠와 같이 우리의 생활과 가까운 곳에 있다고 생각하기 때문이다. 그중 미래 사회를 배경으로 하는 다양한 장르의 작품들에서 공통으로 발견되는 여섯 가지 주요 요소를 미래 사회의 화두로 분류해서 차례를 구성했다.

기술문명사회, 환경변이사회, 인간과 비인간의 공존사회, 지배와 저항사회, 수명연장사회, 무한탐욕사회 등 여섯 가지 미래 사회에 해당하는 작품을 선별하고 독자들이 미래 사회를 예측하는 데

객관성, 실현 가능성, 그리고 일정한 논리적 흐름에 따른 가독성을 높이고자 했다. 또한 허구성이 높은 SF 작품만 분석할 경우, 타당성 있고 현실 가능성이 높은 미래 예측 결과를 도출하기 어려우므로 SF 작품을 비롯한 타 장르 작품을 함께 살펴보았고, 작품과 관련 있는 직업의 유망성에 대해 전문가 그룹의 5점 척도 점수를 매겼다. 그 결과 사이버 보안 전문가, 로봇선수 조종사 등 총 66개 유망 직업(소수의 기존 직업 포함)을 발견했고, 이에 대한 중요도 순위가 도출되어 전망을 파악했다.

미래 사회를 주도할 4차 산업혁명은 세계적으로 주목받고 있는 혁신 기술이자 사회적 흐름이다. 4차 산업혁명은 AI, IoT, 빅데이터 등 첨단 정보통신기술이 경제·사회 전반에 융합되어 혁신적인 변화가 나타나는 차세대 산업혁명이라고 할 수 있다. 대다수 선진국들은 제조업과 ICT를 통한 융합으로 파괴적 혁신을 추진 중이다. 이런 경제적 활동이 불러일으킬 장단점에 대해 알아본 바, 기존 학자들은 소위 낙관론과 부정론으로 대비되는 4차 산업혁명의 전망을 갖고 있었다.

두 집단 간에는 4차 산업혁명이 그간의 산업혁명과 달리 파급력이 매우 강력해서 인간의 삶 자체를 바꿀 것이라는 점에서 공통점을 나타냈다. 또한 비록 기술우위 관점이라 하더라도 기계와 로봇의 발전이 인간의 풍요와 여유를 도모하는 데 큰 공을 세울 것이란 확신도 함께 갖고 있었다. 4차 산업혁명이 일자리 감소에 영향을 끼칠 것으로 보는 것도 공통된 시각이었다. 다만 낙관론적 학자들은 그간 산업혁명이 모두 통과의례처럼 단기적인 일자리 감소를 불러왔고, 새로운 기술 출현은 관련 일자리를 만들어 내며, 인간의 무한한 욕구 역시 노동시장 총량의 한계를 무너뜨리는 데 일조할 것이므로 장기적인 관점에서는 일자리가 증가할 것으로 전망했다.

반면 부정적 학자들은 기술고도화 사회에서는 생산비용 역시 극단적인 제로 상태가 되어 인적 노동투입이 필요치 않은 상황이 되며, 제조업의 효율성과 생산성이 비약적으로 발전할수록 더 많은 대량 해고가 일어남에 따라 일자리 창출 속도가 이를 따라가지 못할 것으로 보았다. 아울러 인간만이 할 수 있는 고유 영역(창조성, 예술성, 공감능력 등)에서조차도 특수 로봇이 일부 기능을 대체하기 시작했으며, 비록 오랜 시간이 걸릴 순 있어도 궁극적으로 인간만의 고유능력을 모두 잠식당할 것으로 전망했다.

다음으로 자동화 대체 가능성이 높은 직업을 살펴본 결과, 기존 문헌은 단순 반복적인 제조업무, 창조성이 떨어지는 업무, 타인과의 소통과 협업이 부족한 업무 등을 지목했다. 반대로 일자리 증가 직업군으로는 감성에 기초한 창조적인 직업, 타인과의 공감능력이 필요한 직업, 표준화가 어렵고 협업과 융합이 필요한 업무 등이 공통적인 특징으로 나타났다. 이런 전망은 전문가 그룹 설문에서도 대체로 비슷한 양상을 보였다. 전문가들이 23개 직업군의 자동화 대체 시기에 대해 응답한 결과를 토대로, 3~5년 이내에 자동화가 이루어지는 저기술 직업군(1그룹), 5~10년 이내에 자동화가 이루어지는 중기술 직업군(2그룹), 그리고 20년 이내 자동화되거나 별 영향을 받지 않는 고기술 직업군(3그룹)으로 분류할 수 있었다.

또한 전문가들은 4차 산업혁명의 대비 시기에는 가장 빠른 '현재부터'에 대다수가 동의했다. 선진국의 앞선 정책 사례와 IT 산업의 기하급수적인 발전 속도를 감안할 때 시급성을 인지하고 있다고 보인다. 4차 산업혁명을 대비하는 주체로는 민관학 모두가 중요하다는 응답이 가장 많았고, 정부, 기업, 학계 순으로 나타났다. 대비를 해야 할 부분은 '피해가 예상되는 기존산업 및 고용구조 보완정책 개발'이 가장 높게 나타나 노동자를 보호하고 재육성하는 시스템 구축이 필요해 보인다. 이는 일자리 감소 전망에 따라 관련 직업군의 이직을 돕고, 실업을 구제하며, 신규 일자리 창출을 도모해야 할 것으로 풀이된다.

다음으로는 신규 법제도 제정, 전문인력 양성, 4차 산업 관련 신시장 창출 및 건전 생태계 조성이 필요한 것으로 나타났으며, 개인정보 침해와 양극화 심화를 방지할 수 있는 사회적 울타리 구축도 병행되어야 한다고 분석되었다.

참고문헌

경기연구원(2016). 제4차 산업혁명에 대한 경기도의 대응방향. 정책연구 2016-69.

경남발전연구원(2017). 지자체에서의 빅데이터 활용 확산. 경남발전, 136호.

경찰청(2015). 민간조사제도 어떻게 도입해야 하나. 입법정책설명자료.

과학기술정보통신부(2018). R&D KIOSK 국가연구개발사업 정보 길잡이, 제53호.

_____(2019). 2018년도 사물인터넷 산업 실태조사.

과학기술정보통신부·KISTEP(2018). 2017년 기술영향평가결과보고: 바이오 인공장기의미래.

과학기술정책연구원(2017). [제4차 산업혁명 특별기획 ①] 역사에서 배우는 산업혁명론: 제4차 산업혁명과 관련하여. STEPI Insight, 제207호.

관계부처합동(2015). 제조업 혁신 3.0 전략 실행대책-창조경제 구현을 위한 제조업의 스마트 혁신 추진방안. 제7차 무역투자진흥회의 보도자료.

_____(2019). 혁신성장 실현을 위한 5G+ 전략. 제1차 5G+ 전략위원회.

교육부(2020). 2019년 초중고 사교육비 조사 결과 발표. 교육부 보도자료, 2020. 3. 11.

국가기술표준원(2018). KATS 기술보고서 113호.

김대식(2016). 김대식의 인간 vs 기계: 인공지능이란 무엇인가. 동아시아.

김병희·장병탁(2017). 딥러닝: 인공지능을 이끄는 첨단 기술. Technical Report: BI-17-001.

김수정(2019). 블록체인 기반 호텔예약시스템 특성이 지각된 가치 및 수용의도에 미치는 영향. 경희대학교 대학원 석사학위논문.

김수희(2017). 식용곤충산업의 현황과 전망. 세계농업 207권. 한국농촌경제연구원.

김영수(2017). 4차 산업혁명과 지역산업 육성 방향. KIET 산업경제. 산업연구원.

김한준(2017). 4차 산업혁명이 직업세계에 미치는 영향. 한국농·산업교육학회 정기학술대회.

김현수(2016). 4차 산업혁명의 서비스경제화 촉진 연구. 서비스연구, 제6권 제3호.

농림축산식품부·농촌진흥청·농림식품기술기획평가원(2013). [2013~2022] 농림식품과학기술 육성 중장기 계획.

뉴시스(2017). 산업부, 2,200개 이상 스마트공장 구축…1,108억 원 투자. 2017. 2. 2.

다보스포럼(2016). 미래고용보고서.

문병기·이도형(2017). 4차 산업혁명 시대 신성장산업의 수출 동향과 경쟁력 분석. TRADE FOCUS, 2017년 10호. 한국무역협회 국제무역연구원.

미래창조과학부(2016). 뇌과학 발전전략.

박항식(2017). Technology convergence, open innovation and dynamic economy. *Journal of Open Innovation: Technology, Market, and Complexity.*

사교육걱정없는세상(2018). 대학입학전형에 대한 국민인식 조사결과 발표.

산업연구원(2017). 커넥티드카 시장 2019년 112조 원 성장가능성 높아. 서비스산업분석실.

삼성 뉴스룸(2018). '글로벌 IT 공룡'들의 가상현실 사업 전략. 2018. 3. 8.

서울시(2013). 범죄예방환경설계(CPTED) 가이드라인.

세계일보(2016). 이종 장기 이식 3개 거부반응 억제한 돼지 국내 첫 생산. 2016. 7. 5.

소프트웨어정책연구소(2017). 블록체인기술의 산업적·사회적 활용전망 및 시사점. 이슈리포트. 제2017-004호.

_____(2018). 해외 주요국 블록체인 시장 전망 및 기업 동향. 산업동향. 2018. 12. 26.

신덕호(2009). 유비쿼터스 컴퓨팅 환경에서의 개인정보보호정책 발전에 관한 연구. 단국대학교 대학원 석사학위논문.

안상희·이민화(2015). 제4차 산업혁명이 일자리에 미치는 영향. 한국경영학회 통합학술발표논문집.

연합뉴스(2017). 기술진보로 실업 우려?…美미래학자 "상품가격 싸져 괜찮을 것". 2017. 6. 11.

오호영(2017). 제4차 산업혁명에 따른 취약계층 및 전공별 영향. KRIVET Issue Brief 123호.

유발 하라리(2017). 호모데우스. 김영사.

정보통신산업진흥원(2018). VR/AR 산업 현황 및 전망. 이슈리포트 2018-제44호.

제러미 리프킨(2014). 한계비용 제로 사회. 민음사.

제리 카플란(2017). 인공지능의 미래. 한스미디어.

중소벤처기업부(2018). 중소기업 기술로드맵(2018~2020). AR/VR.

_____(2019). 스마트공장 보급사업 성과분석 결과.

중소벤처기업부·스마트공장 추진단(2018). 스마트공장 더 나은 내:일이 보이다. 2017 스마트공장 지원사업참여기업 우수사례집.

중앙일보(2017). 정치 민감 질문에 공산당 비판한 중국 인공지능 메신저 서비스 중단. 2017. 8. 2.

최경진 외(2012). 빅데이터 환경에서 개인정보 보호 강화를위한 법·제도적 대책방안 연구. 개인정보보호위원회.

최석현(2017). 제4차 산업혁명 시대, 일자리 전략은?. 이슈&진단, 제273호. 경기연구원.

클라우스 슈밥(2016). 클라우드 슈밥의 제4차 산업혁명. 새로운현재.

파이낸셜뉴스(2018). 구글의 AI, 의사보다도 더 정확한 진단. 생계까지 위협. 2018. 8. 14.

한국경제(2017). 국내 기업 보안 의식 "높다" 의견 10% 미만. 2017. 7. 11.

한국고용정보원(2016). AI·로봇—사람, 협업의 시대가 왔다!. 한국고용정보원 보도자료, 2016. 3. 24.

한국교통연구원(2017). 드론 활성화 지원 로드맵 연구. 국토교통부 용역보고서.

한국금융신문(2016). 4차 산업혁명, O2O비즈니스에 기회. 2016. 10. 4.

한국바이오안전성정보센터(2008), GMO! 그 궁금증을 전문가에게 묻다!!.

한국바이오의약품협회(2018). 바이오의약품 산업동향 보고서.

한국일보(2018). 중국도 반려동물 복제시대… 반려견 이어 내년에 반려묘도 탄생. 2018. 12. 26.

한국정보화진흥원(2009). 성공적 공공 정책 수립을 위한 미래전략 연구 방법론(FROM).

한국행정연구원(2014). 미래예측 상시화를 위한 기능 설계 방안 연구.

한국형사정책연구원(2010). 범죄 및 형사정책에 대한 법경제학적 접근(II): 범죄의 사회적 비용 추계.

한살림(2016). 함께 만들어요! GMO로부터 안전한 생명세상. 한살림 조합원 학습자료 3.

한일경제협회(2014). 덴마크의 성장전략사례. 일본지식리포트.

KBS 1TV(2015). 오늘 미래를 만나다. 토마스 프레이 편. 2015. 4. 26.

KDB산업은행(2017). 한국형 4차 산업혁명 대응전략. 산은조사월보, 제736호.

KISTEP(2016). 제4차 산업혁명 시대, 미래 사회 변화에 대한 전략적 대응 방안 모색. KISTEP InI 15호.

_____(2018a). 블록체인. 기술동향브리프 2018-01.

_____(2018b). AR/VR 기술. 기술동향브리프 2018-09.

KISTI(2017). 4차 산업혁명과 미래유망기술. 2017 미래유망기술세미나 자료.

KITA(2017). ICT 기반 스마트카 산업 활성화 정책 연구. Issue Paper, No.1.

Bloomberg(2019). How Can the Land of K-Pop Fail to Innovate? 2019. 11. 6. https://www.bloomberg.com/opinion/articles/2019-11-06/south-korea-s-excessive-regulation-is-strangling-unicorns

Evaluate(2018). EvaluatePharma World Preview 2018, Outlook to 2024.

FAO(2013). Edible Insects: Future Prospects for Food and Feed Security.

Marshall, A.(2009). Principles of Economics. Cosimo, Inc.

Mckinsey & Company(2009). Hal Varian on how the Web challenges managers. 2009. 1. 1. https://www.mckinsey.com/industries/technology-media-and-telecommunications/our-insights/hal-varian-on-how-the-web-challenges-managers

PWC(2016). 2016 Global Industry 4.0 Survey.

TechNavio(2018). Global Bioenergy Market 2018-2022.

Wirth, M. & Thiesse, F.(2014). Shapeways and the 3D Printing Revolution. Twenty-Second European Conference on Information Systems, Tel Aviv.

네이버지식백과 시간산업 https://terms.naver.com/entry.nhn?docId=1214637&cid=40942&categor yId=31897

스타티스타 https://www.statista.com/statistics/936078/worldwide-consumer-immersive-technology-market-revenue

아이티공간 http://www.itsroom.co.kr/pages/business5.php

한국정보통신기술협회 http://www.tta.or.kr/data/weeklyNoticeView.jsp?pk_num=4993

부록: 설문지

4차 산업혁명과 관련하여 향후 예측되는 사항에 대해 체크해 주시기 바랍니다.

항목	전문가 설문항목	1	2	3	4	5
1번	향후 일자리의 증감이 어떻게 이뤄질 것이라고 전망하십니까?	매우 감소할 것이다.	조금 감소할 것이다.	현 상태를 유지할 것이다.	조금 증가할 것이다.	매우 증가할 것이다.
2번	4차 산업혁명에 대한 대비는 언제부터 필요하다고 보십니까?	현재부터	3년 후부터	5년 후부터	10년 후부터	20년 후부터
3번	4차 산업혁명에 대한 대비는 누구의 역할이 중요하다고 보십니까?(복수선택 가능)	정부	기업	학계	모두가 중요	기타 ( )

항목	전문가 설문항목	1	2	3	4	5
4번	4차 산업혁명에 대한 대비는 어떤 부분에서 이뤄져야 한다고 생각하십니까? (복수선택 가능)	투자자금 지원 확대	연구자금 지원 확대	전문인력 양성	신규 법제도 제정 (융합촉진 등)	관련 법제도 개선 (개인정보 규제개선 등)
		6	**7**	**8**	**9**	**10**
		피해가 예상되는 기존 산업 및 고용구조 보완정책 개발 (재교육 등)	지능정보 기술의 선제적 도입 및 확산	네트워크 고도화를 통한 데이터 시장 활성화	신기술 이용에 따른 개인정보 침해 및 양극화 심화 방지책 마련(사회적 안전망 등)	4차 산업 관련 신시장 창출 및 건전 생태계 조성을 위한 기반 구축 (공공데이터 및 인프라의 개방 공유 등)

항목	전문가 설문항목	1	2	3	4	5
5번	자동화 대체 가능성이 높은 직업군의 특징이 무엇이라고 보십니까? (복수선택 가능)	창조성 (창의력)이 필요하지 않은 직업	예술성 (감수성)이 필요하지 않은 직업	공감능력이 필요하지 않은 직업	섬세한 손동작이 필요하지 않은 직업	단순반복적인 일(기계 조작 등)
		6	**7**	**8**		
		표준화가 가능한 업무	협업이 필요하지 않은 직업	기타 ( )		

항목	전문가 설문항목	1	2	3	4	5
6번	자동화로 다음의 직업군이 사라지는 시기는 언제라고 보십니까?	향후 3년 이내	향후 5년 이내	향후 10년 이내	향후 20년 이내	별 다른 영향을 받지 않을 것이다.
1	섬유 및 의복 관련직					
2	식품가공 관련직					
3	재료 관련직					
4	음식 서비스 관련직					
5	환경, 인쇄, 목재, 가구, 공예 및 생산 단순직					
6	화학 관련직					
7	운전 및 운송 관련직					
8	기계 관련직					
9	경영, 회계, 사무 관련직					
10	미용, 숙박, 여행, 오락, 스포츠 관련직					

11	전기·전자 관련직				
12	건설 관련직				
13	영업 및 판매 관련직				
14	금융·보험 관련직				
15	정보통신 관련직				
16	농림어업 관련직				
17	법률, 경찰, 소방, 교도 관련직				
18	보건·의료 관련직				
19	경비 및 청소 관련직				
20	관리직				
21	교육 및 자연과학·사회과학연구 관련직				
22	문화, 예술, 디자인, 방송 관련직				
23	사회복지 및 종교 관련직